Paderborns mittelalterliche Kirchen

Architektur und Liturgie um 1300

von
Clemens Kosch

Ausführung der Planzeichnungen: Olga Heilmann

Fotos: Andreas Lechtape

SCHNELL + STEINER

Umschlag

Blick von Südosten auf die gotische Busdorfkirche und ihr hochmittelalterliches Klausurgeviert. Von den beiden runden Chorflankentürmen hatte der südliche sein Mauerwerk oberhalb der Dachtraufe des verbindenden Querbaus im Jahre 1787 wegen Baufälligkeit eingebüßt; eine rekonstruierende Wiederherstellung ohne Verputz der Bruchsteinoberfläche erfolgte 1964/65. Auch West- und Südflügel des Kreuzgangs sind modern erneuert unter Wiederverwendung einiger alter Werkstücke. Die hofseitigen Arkadenfolgen der in den originalen Abschnitten mit Längstonne und Stichkappen überwölbten Galerien bestehen aus rundbogig überfangenen Drillingsbögen auf Einzelsäulchen zwischen schmucklos kantigen Rechteckpfeilern. Ihre Einzelformen – Kelchblockkapitelle mit geometrischem und Palmetten-Dekor, röllchenbesetzte Sattelkämpfer, attische Basen, versehen mit zungenförmigen Eckblättern – machen eine Entstehung im ausgehenden 12. Jahrhundert wahrscheinlich. Dem Titelfoto eingefügt ist der Grundriss des Gotteshauses und angrenzender Teile der Klausur mit farbigen Markierungen seiner liturgischen Ausstattung um 1300. Nur schematisch angedeutet wird die teilweise ergrabene Umrisslinie des damals bereits niedergelegten, im 11. Jahrhundert nach dem Vorbild der Jerusalemer Hl. Grabeskirche errichteten Zentralbaues.

Danksagung

Für fachlichen Rat und praktische Hilfe dankt der Autor Clemens M.M. Bayer, Ingrid Breuninger, Claudia Dobrinski, Sveva Gai, Karl Hengst, Werner Jacobsen, Arlette Kosch, Thomas Labusiak, Uwe Lobbedey, Birgit Mecke, Wolfgang Noltenhans, Ursula Pütz, Hermann-Josef Schmalor, Monika Schmelzer, Sven Spiong.

Abbildungsnachweis

Erzbischöfliches Diözesanmuseum Paderborn (Ansgar Hoffmann) (S. 26; hintere Umschlagklappe außen, hintere Umschlagseite); Westfälisches Amt für Denkmalpflege Münster (S. 36 rechts); Ansgar Hoffmann (S. 5, 31 rechts, 42 links); Clemens Kosch (S. 31 links).

Alle anderen Fotos wurden eigens neu aufgenommen von Andreas Lechtape, Münster.

Zeichnung von Ulrich Haarlammert (S. 9); Zeichnung von Markus Nassal nach Angaben des Autors, unter teilweiser Berücksichtigung eines Rekonstruktionsvorschlags aus Börste 1986 (S. 25). Reproduzierte Pläne stammen aus Fuchs 1935 (S. 39 unten), Kaiser 2001 (S. 30), Lobbedey 1999 (S. 39 oben).

Die Massenpläne, Grundrisse und Längsschnitte der einzelnen Kirchen sind nach Angaben von Clemens Kosch neu entworfene Architekturzeichnungen von Olga Heilmann unter Verwendung von Aufmaßen des Kunstdenkmälerinventars sowie historischen Bildzeugnissen aus den im Literaturverzeichnis genannten Veröffentlichungen. Den Stadtplan auf der rückwärtigen Umschlagklappe stellte Wolfgang Noltenhans zur Verfügung.

Bibliografische Informationen der Deutschen Bibliothek
Die Deutsche Bibliothek verzeichnet diese Publikation in der Deutschen Nationalbibliografie;
detaillierte bibliografische Daten sind im Internet über http://dnb.ddb.de abrufbar.

Diese Veröffentlichung bildet Band 227 in der Reihe „Große Kunstführer“ unseres Verlages.
Begründet von Dr. Hugo Schnell † und Dr. Johannes Steiner †

Gesamtherstellung: Erhardi Druck GmbH, Regensburg

1. Auflage 2006
ISBN-10: 3-7954-1870-4
ISBN-13: 978-3-7954-1870-0

Inhalt

Zur Einführung: Über das Verhältnis von mittelalterlicher Sakralarchitektur und Liturgie

Wir brauchen nicht nur kunsthistorische, sondern theologische Kirchenführer.
(Ch. Möller, Lehre vom Gemeindeaufbau. Bd. 2, Göttingen 1990)

Wer zur Feier der Gottesdienste und Heiligenfeste in den ehemaligen Paderborner Konventkirchen, zu ihrem Ablauf sowie dem über mehrere Jahrhunderte dafür herausgebildeten topografischen und architektonischen Rahmen Näheres erfahren will, muss auf verschiedene Quellengattungen zurückgreifen. Von der lückenhaften schriftlichen Überlieferung ist neben einem liturgischen Festkalender des 11. Jahrhunderts vor allem der *Liber Ordinarius* des Domes bedeutsam. Dieses 1324 aufgezeichnete Regiebuch regelte die gemeinschaftliche Verrichtung des Stundengebetes und weitere liturgische Handlungen auf der Grundlage älterer Gewohnheiten, die fortan für alle Geistlichen Institutionen der Diözese verbindlich waren. Auch aus dem Busdorfstift blieb ein etwas jüngerer *Ordinarius chori* erhalten. Leider sind Ortsangaben solcher normativen Texte oft ungenau oder fehlen ganz. Daher haben die Sakralbauten selbst in ihrem gedanklich wiederherzustellenden Zustand des Hohen Mittelalters gewissermaßen den Rang von Primärquellen.

Zunächst gilt es, sich über die ehemals beteiligten Personenkreise Klarheit zu verschaffen. Stifts- oder Klosterkirchen waren in erster Linie für das gottesdienstliche wie außerliturgische Leben einer Geistlichen Gemeinschaft bestimmt. Deren Auflösung zu Beginn des 19. Jahrhunderts führte dann einen Zustand der Sakralbauten herbei, wie er heutigen Betrachtern vor Augen steht. In der Regel kam es zu Abbruch oder Umwidmung der funktionslos gewordenen Klausuren. Im Kircheninneren verschwanden die Konventchöre mit ihrem Gestühl. Die umgebenden Schranken und Lettner hatte man oft bereits in der Barockzeit entfernt oder verändert. Anschließend erfolgte eine Neuordnung nach den Bedürfnissen der Laiengemeinde als nunmehriger Alleinnutzerin. Man wird folglich den derzeitigen Raumeindruck in Frage stellen, hingegen ältere Spuren am Bauwerk ausfindig machen und analysieren: Früher trennende Elemente, Durchgänge, Durchblicksmöglichkeiten, auch Öffnungen für optisch, akustisch, olfaktorisch wahrnehmbare Signale, schließlich ideell wirksame Verbindungsöffnungen. Voneinander abweichende Zugangs- und Aufenthaltsbedingungen – ständig oder zeitweilig – für Konventangehörige und Laien sind zu berücksichtigen: Auf der einen Seite festgelegte Plätze für Kanoniker und Hilfskleriker, Chormönche und -schwestern, Konversen, Kranke und Gebrechliche mit reduzierten liturgischen Verpflichtungen, Sänger und Musiker, schließlich Priesterkollegien zur geistlichen Betreuung eines Frauenkonvents. Ihnen gegenüber standen konventfremde Kirchenbesucher als Stadtbewohner, Pfarrangehörige, Mitglieder der Familia oder auswärtige Pilger. Der Ablauf des Kirchenjahres umfasste Hochfeste und Alltagsliturgie mit jeweils unterschiedlichen Teilnehmern. Herausragende Anlässe wie etwa ein Herrscherbesuch bezogen auch das sakrale Umfeld der Gotteshäuser mit ein, so die Kapellen in den Immunitäten und Pfalzgebäuden.

Geregelt wurde dieses komplizierte Nebeneinander durch getrennten Zugang aus der jeweiligen Klausur, benachbarten Residenzanlagen und öffentlichen Vorhallen. Im Kircheninneren gab es vorgeschriebene Verkehrswege und reservierte Raumteile für einzelne Personen und Gruppen, voneinander gesondert durch Schranken, Lettner oder verschiedene Geschossebenen. Kleriker wie Angehörige des Laienstandes richteten gemeinsam oder parallel ihre Anteilnahme auf die ortsfesten Kultstätten im Gotteshaus: Altäre, eine Confessio mit Reliquien, Grabdenkmäler in hierarchischer Ordnung. Veränderungen traten ein durch Neuerwerb und gewandelte Hochschätzung bestimmter Heiligengebeine, ebenso die Neuerrichtung von

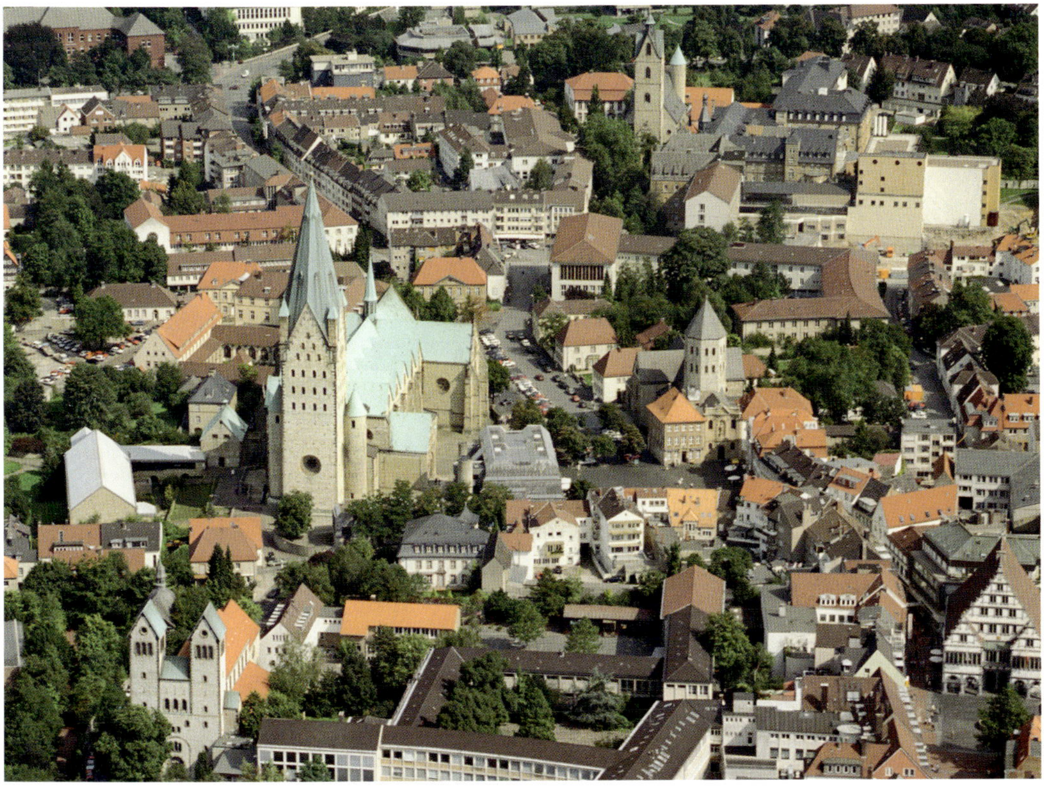

***Luftbild der Paderborner Kernstadt** mit dem Dom im Zentrum. Auf seiner Nordseite (links) die Bartholomäuskapelle und die als Museumsgebäude auf vorromanischen Mauerresten neu errichtete Kaiserpfalz. Das an seinem bleigedeckten Flachdach erkennbare Diözesanmuseum im Südwesten (halbrechts) nimmt den Platz des mittelalterlichen Bischofspalastes ein. Westlich in der Achse des Domes (vorn) die Abdinghofkirche, östlich (oberer Bildrand) die Busdorfkirche, südlich (rechts) die Gaukirche.*

Altären, Umbettung prominenter Verstorbener, Erhebung sterblicher Überreste aus Bodenbestattungen in Hochgräber, von Heiligenleibern aus einer Confessio in Schreine aus Edelmetall. Diese Reliquiare waren nicht mehr unbeweglich. Normalerweise hat man sie auf Altäre gesetzt oder in Schatzkammern geborgen, nur zu bestimmten Festen den Gläubigen präsentiert. Sie wurden jedoch auch bei gegenseitigen Besuchen der Konvente in anderen Kirchen mitgeführt, desgleichen auf Prozessionen im eigenen Gotteshaus, innnerhalb der Immunität oder sogar jenseits der Stadtgrenzen. Zur Ehre Gottes und Sicherung ihrer Memoria haben Stifter immer wieder neue Kreuze und Heiligenbilder, kostbares Altargerät und sonstige Kultobjekte geschenkt, oft als Ersatz für vorangegangene Verluste.

Der hier nur grob skizzierte Entwicklungsprozess hatte zu Beginn des 14. Jahrhunderts in kultgeschichtlicher wie architektonischer Hinsicht einen gewissen Abschluss erreicht. Eine nun vor allem im Dom sprunghaft einsetzende Vermehrung von Altarstellen und Nebenkapellen, Grabdenkmälern und sonstigen Bestandteilen des kirchlichen Mobiliars ist nicht mehr Gegenstand unseres Führers. Vor 1300 in den Gotteshäusern der Stadt entwickelte Grundstrukturen der sakralen Binnentopographie wurden seither infolge modifizierter Frömmigkeitsformen nur noch überlagert und verdichtet, ohne aber inhaltlich neue Schwerpunkte zu bilden. In jeder Kirche entstanden für private Andacht und individuelles Totengedächtnis zusätzliche Einzelbereiche. Sie lassen den bisherigen liturgischen Gesamtraum in seiner heute

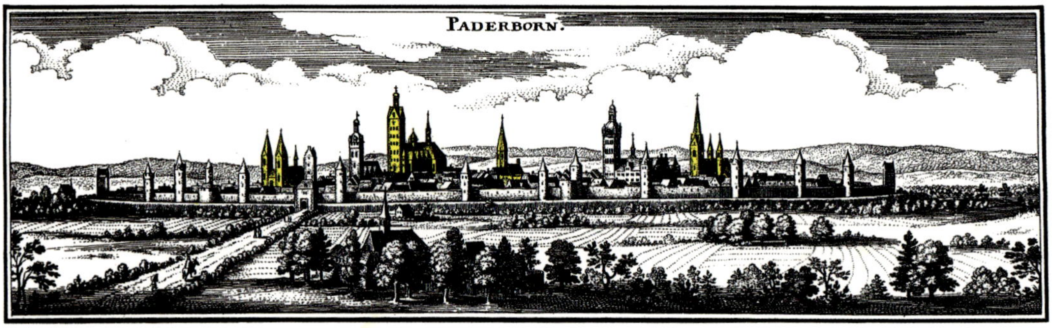

Ansicht der Stadt Paderborn von Süden. *Kupferstich aus Matthäus Merian, Topographia Westphaliae. Frankfurt a.M. 1647. Farbig unterlegt sind die in diesem Führer beschriebenen mittelalterlichen Kirchen (von links nach rechts): Abdinghofkirche – Dom – Gaukirche – Busdorfkirche.*

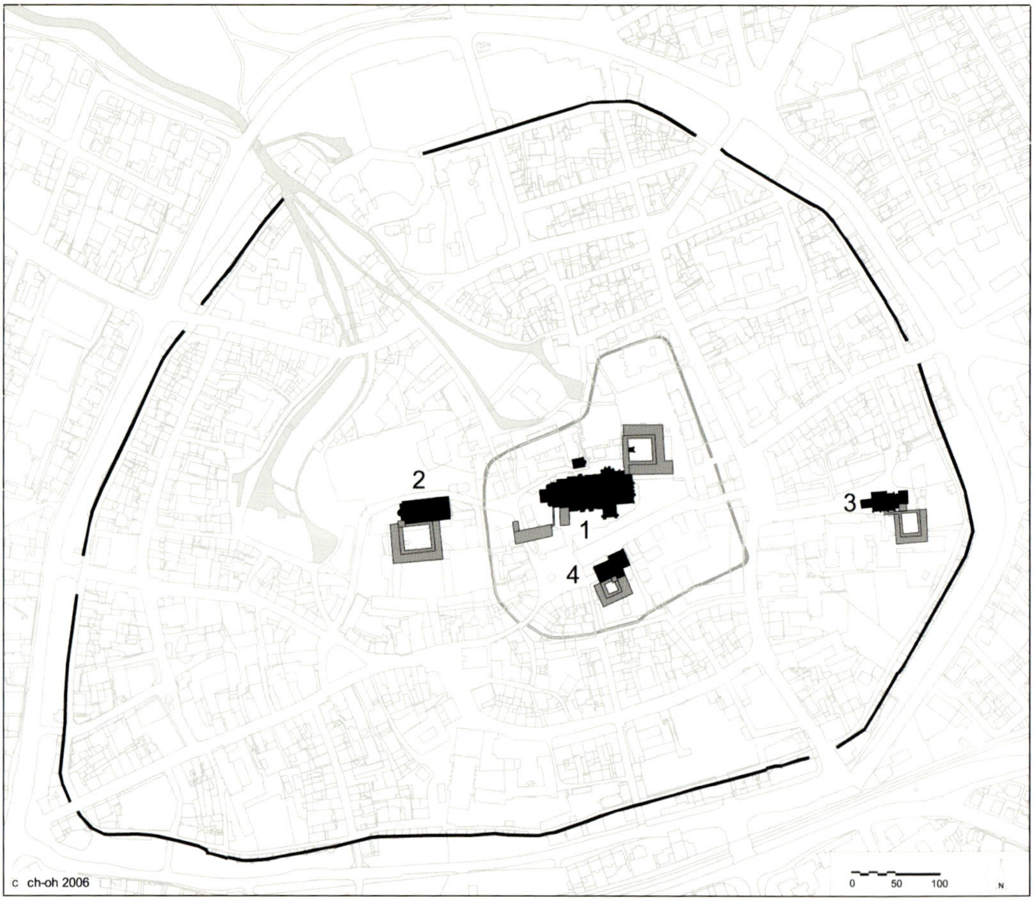

Umzeichnung des Urkatasterplans der Stadt Paderborn von 1830. Graue Linie: *Unter Bischof Meinwerk (1009–36) erneuerte Ummauerung der Domburg.* ***Schwarze Linie:*** *Stadtmauer des 12. Jahrhunderts. 1. Dom mit Bartholomäuskapelle und Bischofspalast 2. Kloster Abdinghof 3. Stift Busdorf 4. Gaukirche.*

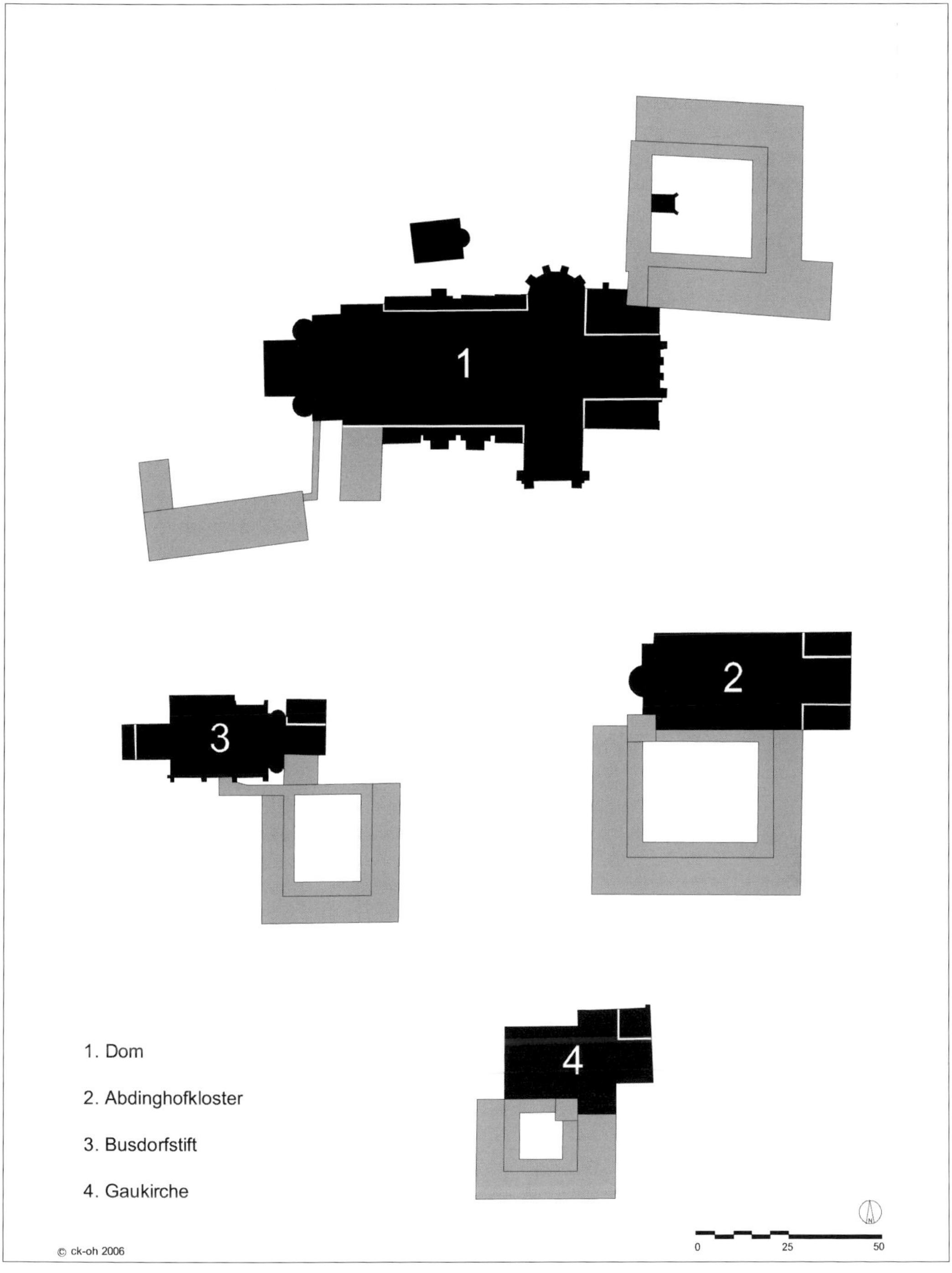

Massenpläne *der mittelalterlichen Paderborner Kirchen mit ihren Konventanlagen und sonstigen früheren Annexen, zum Größenvergleich* ***in identischem Maßstab****. Der Nordpfeil ist hier nur als schematische Angabe zu verstehen. Die Umzeichnungen basieren auf dem Katasterplan von 1830 und Grundrissen des amtlichen Kunstdenkmälerinventars, berücksichtigen daher auch jüngere Bauteile.* ***Schwarz*** *angelegt: Sakralbauten (Kirchen, Nebenkapellen);* ***Grau*** *angelegt: mittelalterliche Annexe (Klausurgebäude, Vorhallen, Bischofspalast).*

noch mit zeichnerischen Mitteln nachvollziehbaren Konzeption gleichsam marginalisiert erscheinen. Dabei soll nicht vergessen werden, dass mittelalterliche Sakralarchitektur nicht oder nicht ausschließlich funktionsorientiert im Sinne einer „gebauten Liturgie" zu verstehen ist. Sie war immer auch abhängig von allgemeiner Typenentwicklung und Formentradierung, überregional wirksamen Stiltendenzen, nicht zuletzt symbolhaftem Gestaltungswillen anhand bestimmter Vorbilder, wobei zeitliche und räumliche Phasenverschiebungen auftreten konnten.

Entwicklungslinien Paderborns im Früh- und Hochmittelalter

Nach der Zahl ihrer Geistlichen Gemeinschaften nahm die Stadt damals unter den westfälischen Bischofssitzen keine Spitzenstellung ein. Außer dem Dom waren seit der ersten Hälfte des 11. Jahrhunderts nur ein Mönchskloster und ein Kanonikerstift vorhanden. Im frühen 13. Jahrhundert kamen noch ein Frauenkloster und eine Bettelordensniederlassung hinzu. Immerhin ergeben sich angesichts dieser Vielfalt grundsätzliche Vergleichsmöglichkeiten der Kirchenbauten untereinander. Bei der Auswahl architektonischer Lösungen bemerkt man als charakteristische Elemente etwa die erst im 17. bzw. 19. Jahrhundert aufgegebene Doppelchörigkeit, ferner eine Vorliebe für gerade Chorschlüsse und westliche Chortürme, die auch im Umland Nachahmung fanden – besonders eindrucksvoll in Erwitte. Bis zum heutigen Tage prägend für Siedlungsentwicklung und Denkmaltopographie Paderborns blieb die überragende Bischofspersönlichkeit Meinwerks (1009–36), der zu Recht mit herausragenden Vertretern des ottonischen Reichsepiskopats wie Bernward von Hildesheim († 1022) verglichen wird. Meinwerk plante die Anlage eines Kirchenkreuzes, um die Domburg auf allen Seiten gleichsam durch geistliche Bollwerke und das Gebet ihrer Insassen vor den Mächten der Finsternis zu schützen. Diese Aussage entstammt allerdings erst seiner um 1160 verfassten Lebensbeschreibung. Von ihm realisiert wurden nur die Bauten auf der Längsachse des Domes. Vergleichbare Kirchengruppen des 11. Jahrhunderts, die auch das Umfeld eines geistlichen Zentrums als Sakrallandschaft gestalteten und mit ihren Kreuzarmen in vier Himmelsrichtungen ein Abbild des Erdkreises darstellen sollten, kennen wir jedoch unter anderem aus Utrecht, Bamberg, Hildesheim und Fulda.

Als Vorläufer Meinwerks von einiger Bedeutung war Bischof Rethar (983–1009), dessen Dombau bereits entsprechende Absichten erkennen lässt. Weiterführung und Vollendung mehrerer Bauvorhaben des bekanntesten Oberhirten der Paderborner Bistumsgeschichte sind das Verdienst von Bischof Imad (1051–76), der wie ein Testamentvollstrecker seines Oheims handelte. Allerdings werden auch Abwandlungen und eigene Akzentsetzungen erkennbar, die das Erscheinungsbild der Kirchenbauten meist definitiv festlegten. Die innovative Kraft der Sakralraumgestaltung scheint mit dem Ende des 11. Jahrhunderts erschöpft. Später gab es nur noch reichere, moderne Stilformen, solidere Erneuerung der Mauersubstanz auf alten Fundamenten, Einführung von Wölbung – doch keine grundsätzliche Änderung des Bauprogramms mehr bis zur Barockisierung im 17. Jahrhundert. Selbst diese beschränkte sich in der Regel auf Annexe und Erneuerung der Ausstattung. Eine kurze Erwähnung gilt Bischof Heinrich II. von Werl (1084–1127), der im Investiturstreit bei seiner Stiftung von Kunst- und Bauwerken auf die Autorität Meinwerks wie eine Referenz zurückgriff.

Abschließend seien noch folgende historische Rahmenbedingungen für die Entwicklung der Paderborner Sakralbauten des Hochmittelalters genannt: Eine Neuordnung der Pfarrgrenzen erfolgte 1231. Durch Auflösung der Vita communis in den beiden Kanonikerstiften kam es zum Bau von Einzelkurien seit Mitte des 13. Jahrhunderts, aber bei Fortbestand der nun von anderen Personengruppen genutzten Klausuranlagen. Ausbleibende Herrscherbesuche und die Verlegung der Bischofsresidenz ins Weichbild der Stadt hatten die Aufgabe der Kaiserpfalz schon im 12. Jahr-

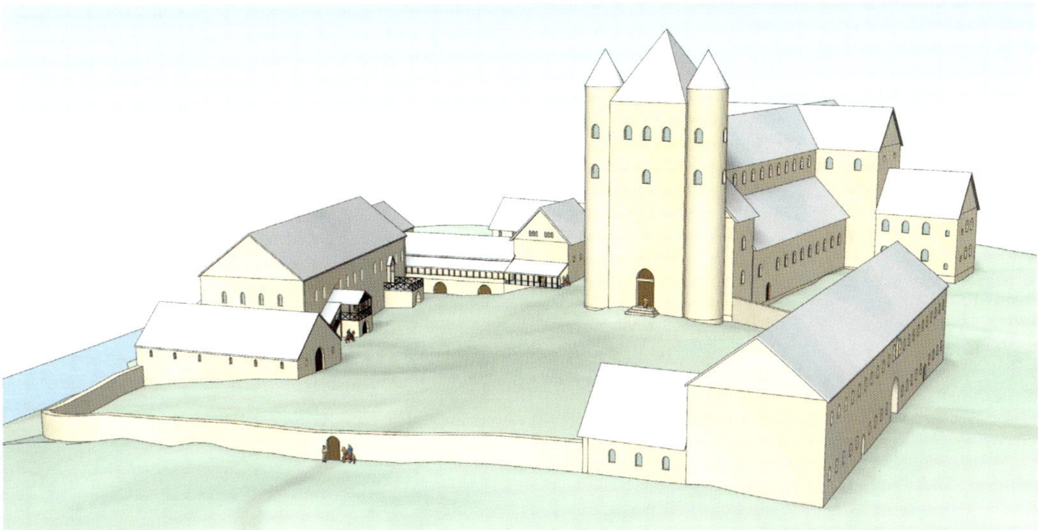

Die Domburg zur Zeit Bischof Meinwerks (1009–36) als Idealbild in der Vogelschau von Südwesten: Ihr Zentrum bildete die Kathedralkirche mit Westwerk und zweigeschossiger Kapelle vor dem südlichen Querschiffarm. Ein nördlicher Quertrakt verband die Bartholomäuskapelle mit der ottonischen Kaiserpfalz (links). Im Südwesten (vorn rechts) erhob sich der Bischofspalast.

hundert, der bischöflichen Pfalz im 14. Jahrhundert zur Folge. Die stauferzeitliche Stadtbefestigung (fertiggestellt vor 1183) machte die beiden suburbanen Kirchengründungen zu innerstädtischen Institutionen. Zugleich wurde die Meinwerksche Ummauerung der Bischofsburg überflüssig und spielte lediglich noch eine Rolle als Grundstücksgrenze ohne Wehrfunktion.

Die Domstiftskirche St. Maria, Kilian und Liborius

Früh- und hochmittelalterliche Vorgänger

Ausgrabungen der Jahre 1978–80 haben im Bereich des gotischen Domes eine Reihe von Vorgängerbauten seit Gründung der Diözese unter Karl dem Großen festgestellt. Ihre architektonische und funktionsgeschichtliche Entwicklungslinie, durch auffallend häufige Zäsuren und Akzentverlagerungen gekennzeichnet, lässt sich inzwischen mit hinreichender Genauigkeit nachzeichnen. Als älteste Bischofskirche der 806 eingerichteten Diözese Paderborn diente demnach eine dreischiffige karolingische Basilika. Sie besaß einen axialen Haupteingang im Westen und östliche Apsiden, deren mittlere den Hochaltar aufnahm. Von den Titelheiligen Maria und Kilian wurde letzterer aus dem Dom des Würzburger Bistums übernommenen, das Träger der Sachsenmission war. Bei seinem denkwürdigen Besuch im Jahre 799 hatte Papst Leo III. bereits einen Stephanusaltar geweiht. Als 836 die Reliquien des heiligen Liborius aus Le Mans nach Paderborn gebracht wurden, schuf der zweite Inhaber des Bischofsamtes Badurad (815–62) dafür eine neue Kultstätte, indem er einen westlichen Gegenchor und ein ausladendes Westquerschiff anfügte. So erweiterte er nach dem Vorbild der spätantiken Patriarchalbasiliken Roms das ursprünglich einpolige, geostete Gotteshaus zu einer doppelchörigen Anlage mit liturgischem Schwerpunkt im Westen. Wie beim Grab des Apostels Petrus konnten in der Paderborner Westchorkrypta Pilger von den Querschiffarmen aus einen Ringstollen betreten und die zentrale Confessio mit dem verehrten Heiligenleib umschreiten. Dieser befand sich in vertikalem Bezug genau unterhalb des Hochaltars (*sub altare*), der an den vorderen Rand des hoch-

A:

um 836

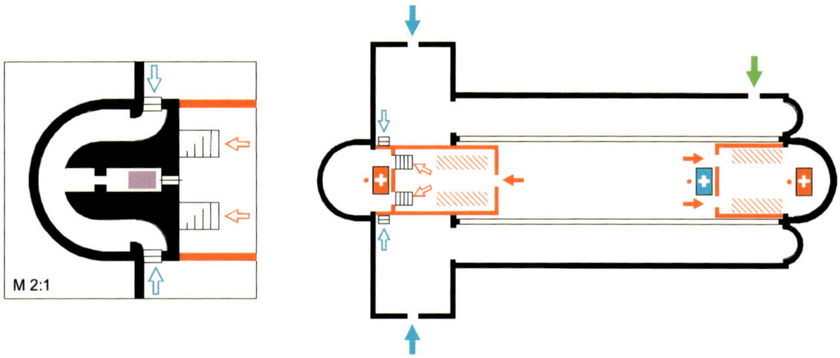

Vorgotischer Dom: Die Neu- und Umbauten des 9.–11. Jahrhunderts in schematischer Grundrissrekonstruktion, mit Kennzeichnung der Hauptaltäre, des jeweiligen abgeschrankten Kapitelchores und der Zugänge für verschiedene Personenkreise.

A: Dreischiffige karolingische Basilika mit ebenerdigem Kapitelchor am Hochaltar in der mittleren Ostapsis; vor der Querschranke Volksaltar. Dieser geosteten Kirche durch Bischof Badurad (815–62) nach römischem Vorbild ein ausladendes westliches Querschiff angefügt. Hauptchor seither im Westen, sein erhöhtes Altarpodium aus der Gegenapsis leicht vortretend. Somit Platz für seitliche Treppenabgänge in die darunter befindliche Ringkrypta (Vignette im vergrößerten Maßstab 2:1). Deren halbkreisförmiger Stollen für Laien betretbar ohne Störung des Gottesdienstes der Kanoniker im neuen westlichen Kapitelchor vor der Kryptenstirnwand. Die 836 erworbenen Reliquien des hl. Liborius geborgen in einer axialen Kammer unterhalb des westlichen Hochaltars.

B: Ende des 10. Jahrhunderts unter Bischof Rethar (983–1009) Aufgabe der Doppelchörigkeit. Die kryptengefüllte Westapsis ersetzt durch eine fünfschiffige, zweigeschossige Vorkirche mit axialem Portal und Doppelturmfront. Ihr Emporenraum über die Wendeltreppe im Nordturm direkt von der benachbarten Kaiserpfalz aus erreichbar. Die Liboriusreliquien in den vergrößerten Ostchor als nunmehrigen liturgischen Schwerpunkt verbracht. Dort ihr neuer Aufstellungsort die zum ebenerdigen Kapitelchor im Mittelschiff vortretende Confessio an der Stirnseite einer östlichen Krypta, über dieser das hochgelegene Sanktuarium. Kryptenzugänge für Laien aus den Seitenschiffen.

B:

Ende des
10. Jahrhunderts

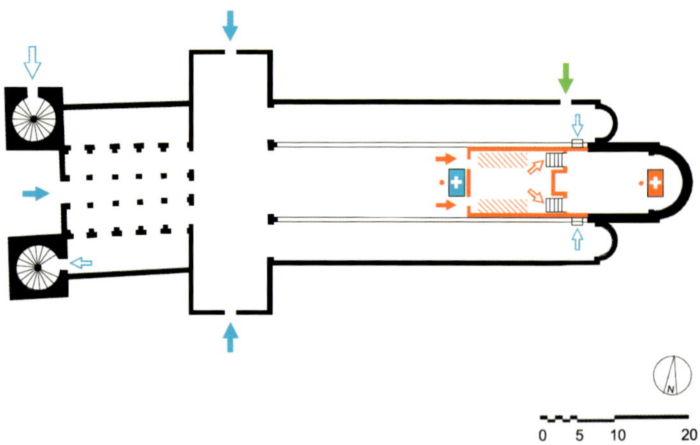

C:

1015

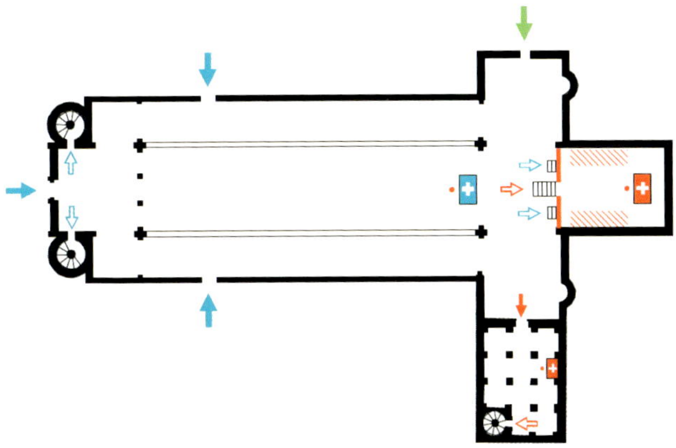

C: Fast vollständiger Abriss des Rethardomes durch Bischof Meinwerk (1009–36). In seinem 1015 geweihten Neubau fortgesetzte Aufwertung der Ostteile. Anstelle des karolingischen Westquerschiffs und der Vorkirche nun ottonisches Westwerk, weiterhin mit axialem Eingangsportal und Empore. Neues Querschiff im Osten, an seinem Südarm doppelgeschossige Bischofskapelle St. Primus u. Felicianus. Der rechteckig umgestaltete Ostchor endete jetzt bündig mit den Querschiffarmen, daher seine Stirnwand mit Treppenabgängen zur Krypta und ebenso mittigem Aufgang zum Hochaltar versehen. Als Konsequenz daraus Verlegung des Chorgestühls von der ebenerdigen Position im östlichen Mittelschiff auf das hochgelegene und abgeschrankte Altarpodium.

D: Nach Brandzerstörung vergrößerte Wiedererrichtung durch Meinwerks Neffen Bischof Imad (1051–76), Weihe 1068. Im Osten beträchtliche Ausdehnung des gerade schließenden Hochchores und der darunter befindlichen Krypta, nun nochmals in die Vierung vortretend mit seitlichen Treppenabgängen. Verkleinerung der Bischofskapelle um ein Joch infolge Achsverschwenkung des Domneubaus. Im Westen Aufgabe der axialen Eingangshalle und ihrer Empore. Stattdessen Rückkehr zur Zweipoligkeit durch neuen Gegenchor mit rechteckig ummantelter Apsis, davor wieder ein Westquerschiff. Am westlichen Hochaltar jedoch keine erneute Aufstellung des zweiten Kanonikergestühles der Karolingerzeit, sondern die allgemein zugängliche Grablege des Erbauers.

D:

1068

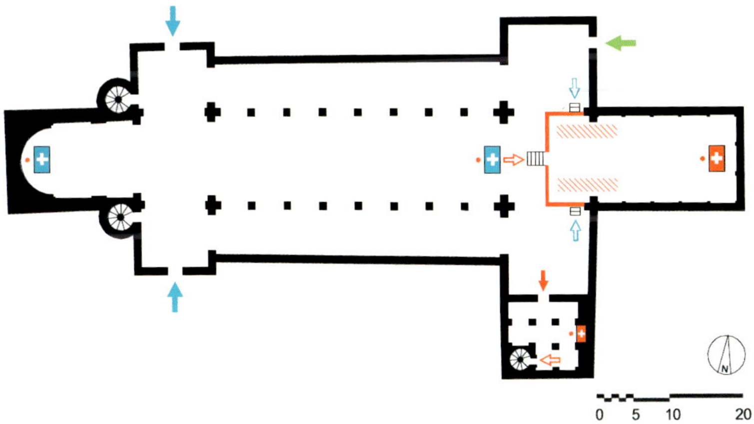

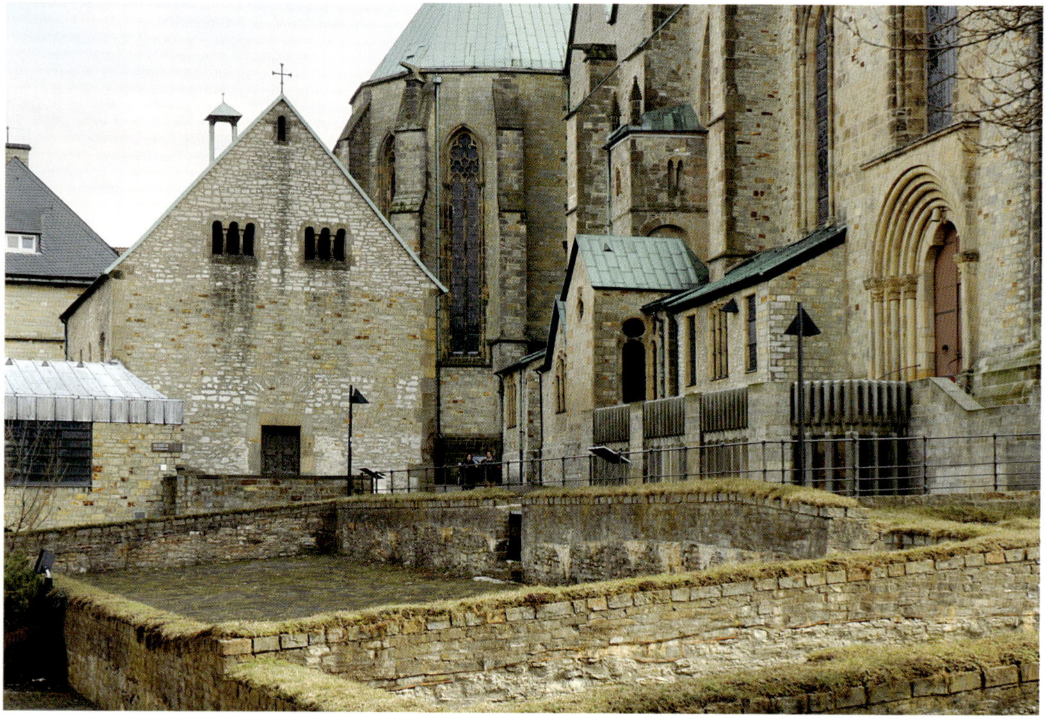

Blick von Nordwesten auf die Giebelseite der Bartholomäuskapelle und den gotischen **Dom:** *Man erkennt seinen polygonalen nördlichen Querschiffarm („Hasenkamp"), den verstärkten mittleren Strebepfeiler des Langhauses mit innerem Treppenaufgang zur mittelalterlichen Orgeltribüne sowie am rechten Bildrand die „Rote Pforte". Im Vordergrund die 1963–70 ausgegrabenen und durch Aufmauerung kenntlich gemachten Umfassungswände der Aula des karolingischen Kaiserpalastes.*

gelegenen Westchorpodiums gerückt war. Ein zelebrierender Priester blickte über die Altarmensa nach Osten, also auch hinab auf das zu ebener Erde direkt vor seinen Augen befindliche Chorgestühl der Kanoniker. Es wurde üblicherweise in zwei Sitzreihen parallel einander gegenüber aufgestellt und durch Schranken von Quer- und Mittelschiff abgeteilt. Seitliche Treppen sorgten für die Verbindung zwischen beiden Ebenen. In der Kryptenstirnwand dürfte sich eine Fenestella befunden haben, die in horizontaler Richtung Kerzenschein, Weihrauch und darüber hinaus ideelle Heilswirkung von den Liboriusgebeinen in der Reliquienkammer ebenfalls zu den im Chorgestühl versammelten Domklerikern vordringen ließ. Durch eine derartige Kombination von Räumen und Verkehrswegen konnten gottesdienstliche Handlungen der Chorherrengemeinschaft sowie Gesten individueller Frömmigkeit von Besuchern aus dem Laienstand gleichzeitig stattfinden, ohne dass beide Personengruppen sich dabei zu sehen bekamen oder gegenseitig störten. Zweifellos hat man aber auch das ältere Kapitelgestühl im östlichen Marienchor beibehalten, vor dessen Querschranke der Volksaltar zum Heiligen Kreuz stand. Dorthin führte ja auch der Zugang aus den im Nordosten des Domes gelegenen Räumen der Stiftsklausur, während man von der karolingischen Kaiserpfalz im Nordwesten durch einen Verbindungstrakt ins westliche Querschiff gelangte. Grundsätzlich ist mit wechselnden Orten des Liturgievollzugs an verschiedenen Tageszeiten und Festen des Kirchenjahres zu rechnen.

Zwar kam es gegen Ende des 9. Jahrhunderts in der Westkrypta noch zu Umbauten mit räumlicher Differenzierung. Eine radikale Planänderung veranlasste dann jedoch Bischof Rethar (983–1009), indem er den westlichen Gegenchor ganz aufgab und durch eine fünfschiffige Vorkirche ersetzte. Sie erhielt ein axiales Westportal zwischen vortretenden Flankierungstürmen, offensichtlich vorgesehen als Schauplatz festlicher Empfangszeremonien (*adventus*) für hochgestellte Besucher. Der Quertrakt zur Kaiserpfalz endete nun am nördlichen der beiden Treppentürme. So ergab sich eine direkte Verbindung herrscherlicher Wohn- und Repräsentationsräume mit der Empore über dem gewölbten Mittelteil der Vorhalle. Vielleicht handelte es sich auch um einen Kapellenraum mit eigenem Altar, der nicht nach Osten ins Kirchenschiff geöffnet war. Hier wird man mit hoher Wahrscheinlichkeit den Ort der 1002 erfolgten Krönung von Königin Kunigunde annehmen dürfen. Diesen Festakt zu Ehren der Gemahlin Heinrichs II. beging der Hof zeitgenössischen Berichten zufolge in Paderborn, obwohl der Dom erst zwei Jahre zuvor Opfer einer Brandkatastrophe geworden und kaum bereits vollständig wiederhergestellt war. Eigentliches Ziel der Baumaßnahmen Rethars war jedoch die Verlagerung des liturgischen Zentrums in die Ostteile seiner Kathedrale. Das Sanktuarium des Marienchores wurde in vergrößerter Form neugebaut und mit einer Hallenkrypta unterhalb des Altarraumes ausgestattet. Laien hatten durch seitliche Treppenabgänge aus den Nebenschiffen Zutritt in die Unterkirche, da ihre Stirnwand entsprechend weit ins Mittelschiff vorsprang. Eine axiale Nische bildete die neue Confessio der Liboriusreliquien. Wie zuvor beim abgebrochenen Westchor, nur spiegelbildlich ausgerichtet, bezogen die Domgeistlichen im östlichen Mittelschiff ihren abgeschrankten Kapitelchor. Mittig vor der Querschranke ist weiterhin der Kreuzaltar anzunehmen.

Von Rethars bekannterem Nachfolger Meinwerk (1009–36) wird überliefert, er habe gleich nach seinem Amtsantritt den noch unfertig vorgefundenen Dom abreissen und vollständig neu aufführen lassen. Obwohl archäologische Untersuchungen dies bestätigten – abgesehen von einer Übernahme der vorhandenen Ostkrypta – kann man an Meinwerks 1015 geweihter Bischofskirche eine bemerkenswerte Kontinuität und konsequente Fortführung der Retharschen Planung erkennen. Allerdings wich das Konglomerat aus karolingischen und ottonischen Teilen einer strafferen, einheitlichen Baugestalt. Nun wurde auch das alte Westquerschiff beseitigt und durch östliche

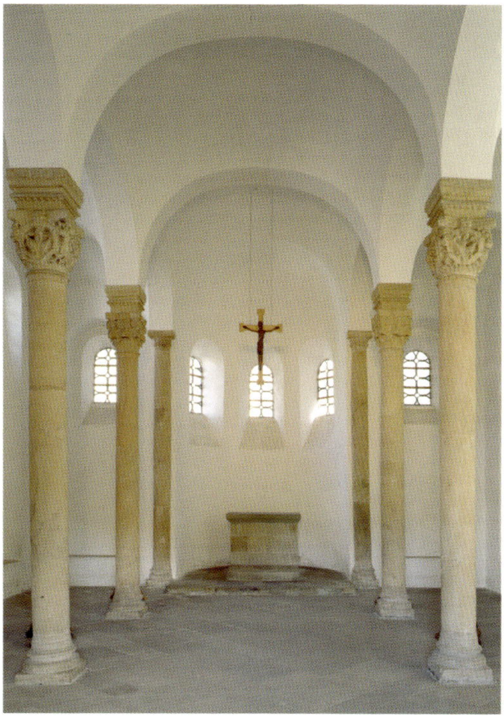

***Bartholomäuskapelle:** Innenansicht nach Osten. Sechs paarweise angeordnete überschlanke Freisäulen mit ungewöhnlich skulptierten Kapitellen tragen das Gewölbe aus Hängekuppeln, die in Westfalen einzigartig sind und Einflüsse aus dem byzantinisch geprägten Mittelmeerraum verraten.*

Kreuzarme ersetzt. Ihre Ostwände dienten als Fluchtlinie für die Front der rechteckig erneuerten Krypta, deren Eingänge daher den mittigen Treppenaufgang zum hochgelegenen, kastenförmigen Altarraum flankieren. Dort hinauf gelangte auch das Chorgestühl aus der Vierung: Wir haben es hier mit der erstmals fassbaren Keimzelle des späteren Langchorpodiums der Kanoniker auf gleicher Höhe mit dem östlichen Hochaltar zu tun. Im Westen blieb die axiale Eingangshalle unterhalb des herrschaftlichen Emporengeschosses bestehen, doch nun als Bestandteil eines für die Ottonenzeit charakteristischen Dreiturm-Westwerks. Ein Prototyp der Gattung steht im Frauenstift Freckenhorst nahezu unverändert aufrecht. Auf die gewiss für ausgewählte Angehörige des Domstifts und vornehme Gäste reservierte Westwerkempore nahm offensichtlich auch die Lage des neuen Bischofspalastes Rücksicht, den Meinwerk sich im Südwesten des Domes errichtete.

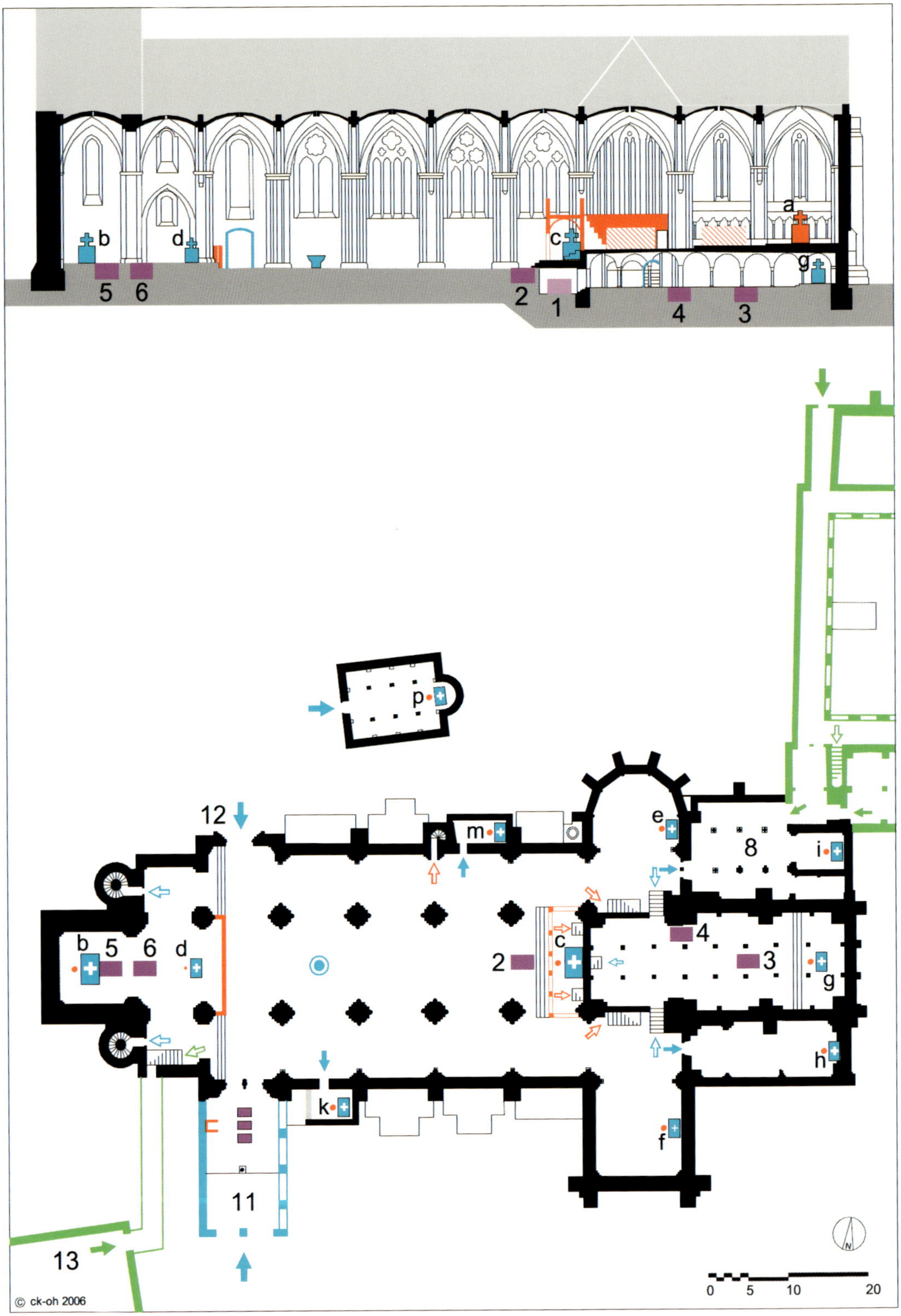
a
b
c
d
g
5
6
2
1
4
3
12
m
p
e
8
i
k
f
h
11
13
0
5
10
20
© ck-oh 2006

◁ **Dom:** *Erdgeschoss- und Krpytengrundriss, darüber Längsschnitt. In der Vignette S. 15 Grundriss-Ausschnitt der Ostteile auf Chorniveau. a. Östlicher Hochaltar: St. Maria, später überlagert durch St. Liborius b. Hauptaltar des Westchores „sub turri" (unter dem Turm): St. Liborius c. Kreuzaltar unter der Bühne des Hallenlettners d. Pfarraltar des Westchores: St. Johannes Baptist e. Nebenaltar im nördlichen Querschiffarm („Hasenkamp"): St. Mauritius f. Nebenaltar im südlichen Querschiffarm: St. Margarethe g. Hauptaltar der Ostkrypta: St. Stephanus h. Altar der südlichen Chorflankenkapelle: St. Maria i. Altar der Brigidenkapelle k. Altar der ersten Kapelle von Westen am südlichen Seitenschiff: St. Hippolyt m. Altar der dritten Kapelle von Westen am nördlichen Seitenschiff: Hl. Dreifaltigkeit n. Altar des Neuen Kapitelsaals: St. Servatius p. Altar der Bartholomäuskapelle nördlich des Domes 1. Gotische Confessio unter dem Kreuzaltar, von der Krypta aus zugänglich: vielleicht bestimmt zur Aufnahme von Reliquien des hl. Julian 2. Grablege wahrscheinlich des Bischofs Rotho († 1051) 3. Sammelgrab der ältesten Paderborner Bischöfe in der Ostkrypta, angelegt 1068 von Bischof Imad 4. Grablege im nördlichen Schiff der Ostkrypta: angeblich für einen Bauhandwerker zur Zeit Bischof Meinwerks (1009–36) 5. Grablege des Bischofs Imad († 1076) 6. Grablege eines nicht sicher identifizierten Bischofs des 12. oder frühen 13. Jahrhunderts 7. Standleuchter im östlichen Teil des Kapitelchores („chorus superior") 8. Gewölbehalle („Atrium") als Verbindung von nördlichem Domquerschiff und Kreuzganggquadrum. Östlich daran anschließend die Brigidenkapelle 9. Neuer Kapitelsaal im Obergeschoss über Atrium und Brigidenkapelle 10. Vermutete Heiltumsnische in der Westwand des Neuen Kapitelsaals (mit vergittertem Oculus zum nördlichen Querschiffarm) 11. Vorhalle des südlichen Hauptportals ins Westquerschiff („Paradies") mit dem Thronsitz eines Stellvertreters des Dompropstes, der hier Rechtshandlungen vornahm 12. Nordportal ins westliche Querschiff („Rote Pforte") 13. Bischofspalast Meinwerks mit hochgelegenem Verbindungsgang zum Westchor des Domes.*

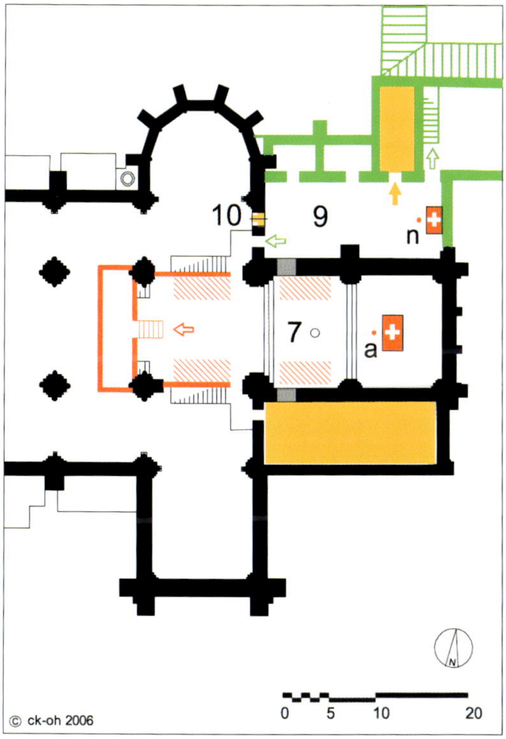

Wahrscheinlich bestand bereits wie in späterer Zeit eine direkte Gangverbindung. Dem südlichen Querschiffarm fügte der Bischof außerdem ein zweigeschossiges Privatoratorium an. Romanische Vergleichsbauten ähnlicher Gestalt und Position gab es am Kölner und Mainzer Dom. Hier erwartete Meinwerk 1036 schwer erkrankt seinen Tod.

Das großzügige Bauprogramm des frühen 11. Jahrhunderts umfasste auch Bereiche nördlich des Domes. Teile der Klausuranlage entstanden damals neu. Ferner wurde die karolingische Kaiserpfalz niedergelegt und von einem bis zur Ringmauer hinausgerückten Palast für die nun häufigeren Herrscheraufenthalte abgelöst. Er besaß ein eigenes, doppelgeschossiges Oratorium. Der in nordsüdlicher Richtung verlaufende Quertrakt verband die neue Pfalzaula jetzt nicht mehr direkt mit der Bischofskirche, sondern mit einer weiteren, 1017 dem heiligen Bartholomäus geweihten Kapelle. Meinwerk hatte sie *per Graecos operarios* errichten lassen, also wohl durch byzantinische Bauleute aus Süditalien. Wahrscheinlich wurden sie 1014 angeworben, als der Paderborner Bischof Kaiser Heinrich II. auf einen Feldzug nach Apulien begleitete. Nach behutsamer Restaurierung zeigt sich die kleine dreischiffige Hallenkirche heute wieder weitgehend in ihrer ursprünglichen Gestalt. Welche Funktion hatte dieser zusätzliche Sakralbau im Grenzbereich von Kaiserpfalz und Dom? Allgemein akzeptiert wird inzwischen der Deutungsvorschlag, hier habe ein zu Besuch in Paderborn weilender Herrscher vor dem feierlichen Einzug in das Westwerk der Kathedrale Krönungsornat und Insignien seiner Würde angelegt. Schon wenige Jahrzehnte später, beim großen Stadtbrand von 1058, fiel das eindrucksvolle Ensemble der Meinwerkbauten den Flammen zum Opfer. Bischof Imad (1051–76), der ja auch die gleichfalls in Mitleidenschaft gezogenen Kirchengründungen seines Oheims im Abdinghofkloster und Busdorfstift wiederherzustellen hatte, widmete sich zweifellos vorrangig dem zehn Jahre später vollendeten Neubau der Kathedrale. Dessen Abmessungen übertrafen die Grundfläche seines Vorgängers bei weitem. Namentlich der gerade schließende Ostchor und die darunter liegende Hallenkrypta wurden beträchtlich nach Osten und Westen verlängert. So konnte das Gestühl für den zahlreicher werdenden Domklerus mit mehr Sitzen versehen werden. Wie eine zurückschwingende Pendelbewegung erscheint zunächst die Tatsache, dass am westlichen Ende des Langhauses nun wiederum ein Querschiff entstand sowie ein neuer Gegenchor, jetzt in longitudinaler Form mit rechteckig ummantelter Apsis. Angesichts seiner beträchtlichen Mauerstärke war er vielleicht schon von einem Turm überbaut – dieses Vorbild hätte dann der Westchorturm der Busdorfkirche aus dem 12. Jahrhundert nachgeahmt (siehe S. 40). Allerdings wurde auf ein Emporengeschoss als Rahmen herrscherlicher Selbstdarstellung verzichtet. Auch feierliche Einzüge auf der Hauptachse des Domes bis hinein ins Mittelschiff, das zuvor unter Rethar und Meinwerk wie eine Prozessionsstraße gewirkt hatte, sollten offenbar im späten 11. Jahrhundert nicht mehr stattfinden. Stattdessen gelangte man jetzt von der Kaiserpfalz oder der Bartholomäuskapelle weniger zeremoniös durch das Nordportal des Westquerschiffs ins Kircheninnere. Schon zeichnete sich der zunehmende und schließlich dominierende Rang des gegenüberliegenden, zum Markt (*colgrove*) gerichteten Laienportals ab. Von besonderem Gewicht ist die Feststellung, dass der salische Westchor funktional keineswegs wieder an die lange zurückliegenden Verhältnisse der Karolingerzeit anknüpfte. Zwar erhielt sein Hauptaltar im westlichen Apsisrund erneut den Weihetitel des heiligen Liborius, doch wurde ihm offenbar kein zweites Chorgestühl zugeordnet. Bedeutenstes Kultzentrum blieb auf jeden Fall die Confessio in der Ostkrypta. Allerdings waren die Gebeine des Heiligen zu diesem Zeitpunkt bereits in einem mobilen Schrein geborgen, dessen Aufstellungsort an bestimmten Festtagen sicherlich wechselte. Für seine Vergoldung hatte Imad eine bedeutende Summe gestiftet. Vor dem Westchoraltar fand der Bauherr sein privilegiertes Grab, wo jedoch außer Angehörigen des Domklerus ebenso die Bevölkerung Fürbitten sprechen und Opfergaben niederlegen konnte. Man bemerkt generell in der zweiten Hälfte des 11. Jahrhunderts eine Umorientierung der bischöflichen Totenmemoria: Die Gebetsfürsorge bezog über den geschlossenen Kreis der zuständigen Mönchskonvente oder Stiftskapitel hinaus eine breitere Öffentlichkeit ein. So hatte es in exemplarischer Deutlichkeit gleichfalls ein zeitgenössischer Amtsbruder Imads, der Kölner Erzbischof Anno II. († 1075), hinsichtlich seiner Grablege in der Benediktinerabteikirche Siegburg bestimmt.

Der spätromanisch-gotische Dom

Im 12. Jahrhundert erfuhr der unter Bischof Imad erreichte Ausbauzustand des Domes keine grundlegenden Veränderungen mehr, blieb vielmehr bis heute bestimmend. Zu nennen ist allerdings der Neubau von Ostchor und Krypta, nun bis in die Vierung verlängert, durch Bischof Heinrich II. von Werl (1084–1127). Nach einem weiteren Brand 1133 erfolgte die Einwölbung des gesamten Bauwerks, wozu entsprechende Vorlagen an Langhauspfeilern und Außenmauern erforderlich wurden. Am Westchor fügte man Seitenräume hinzu, dem Hauptportal unter dem Südgiebel des westlichen Querhauses eine korridorartige Vorhalle. So war die Ausgangslage, als im 2. Jahrzehnt des 13. Jahrhunderts eine vollständige Erneuerung der Bausubstanz begann. Zwingende Gründe wie vorangegangene Zerstörung oder gewandelte Funktionen lagen diesmal nicht vor. Ausschlaggebend war wohl der Wunsch nach einem Gotteshaus in modernen Stilformen, die damals in Westfalen eine charakteristische Mischung spätromanischer und frühgotischer Elemente bildeten. Bis zur Fertigstellung um 1280 lassen sich vier Hauptbauphasen unterscheiden. Den Anfang machte der dreiteilige basilikale Westchor. Sein quadratischer Kernraum wird nach außen besonders nachdrücklich hervorgehoben durch einen monumentalen,

***Dom:** Blick von Südosten auf die Westteile, überragt vom Chorturm des frühen 13. Jahrhunderts. Im Vordergrund die 1859 auf ihre kirchseitige Hälfte verkürzte Südvorhalle. Ihre Giebelfront ist modern. Ursprünglich offene Arkaden der östlichen Seitenwand zeichnen sich im unverputzten Bruchsteinmauerwerk ab. Daran anschließend die barock erweiterte erste Nebenkapelle des südlichen Seitenschiffs, vor 1306 dem hl. Hippolyt geweiht.* ▷

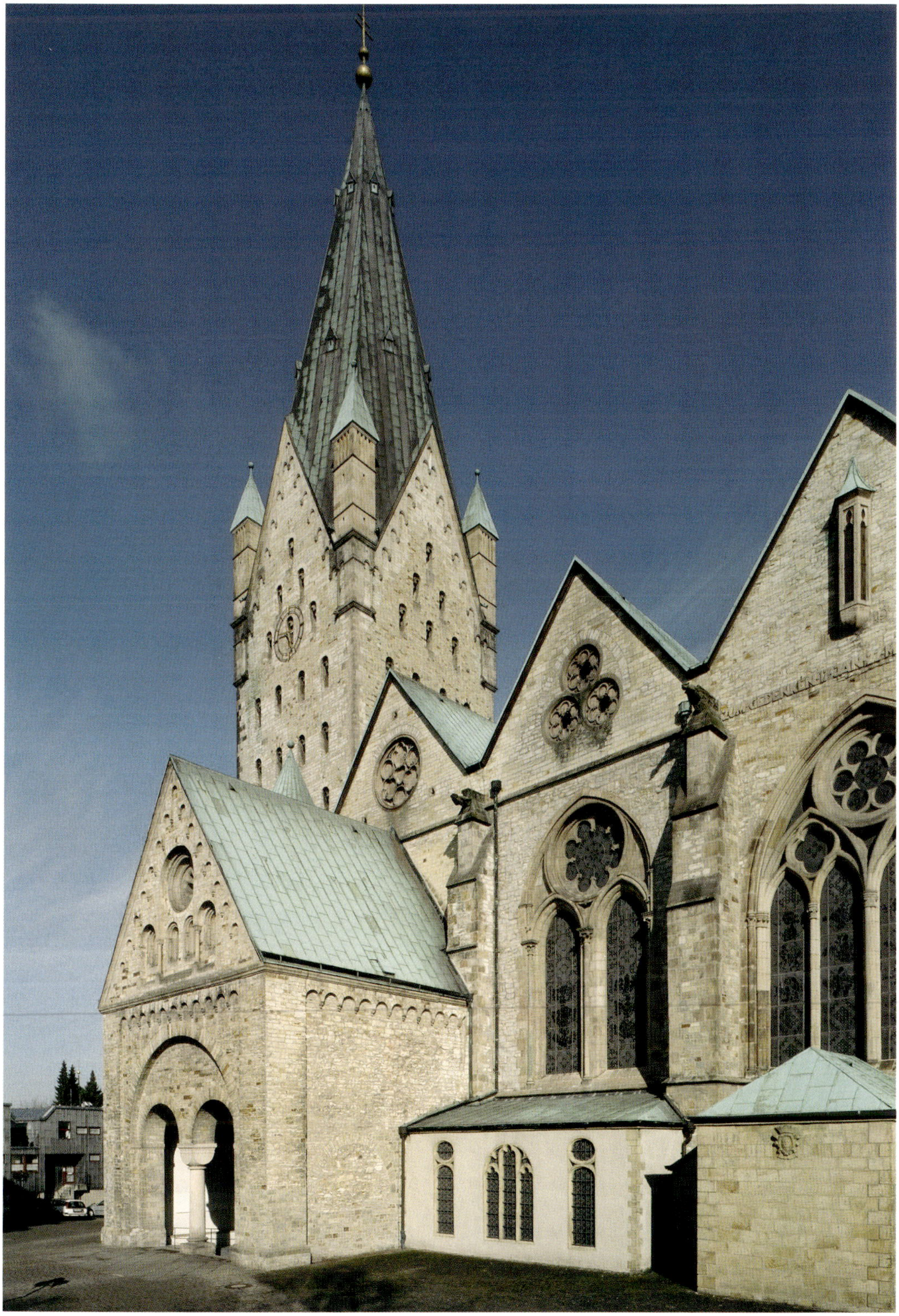

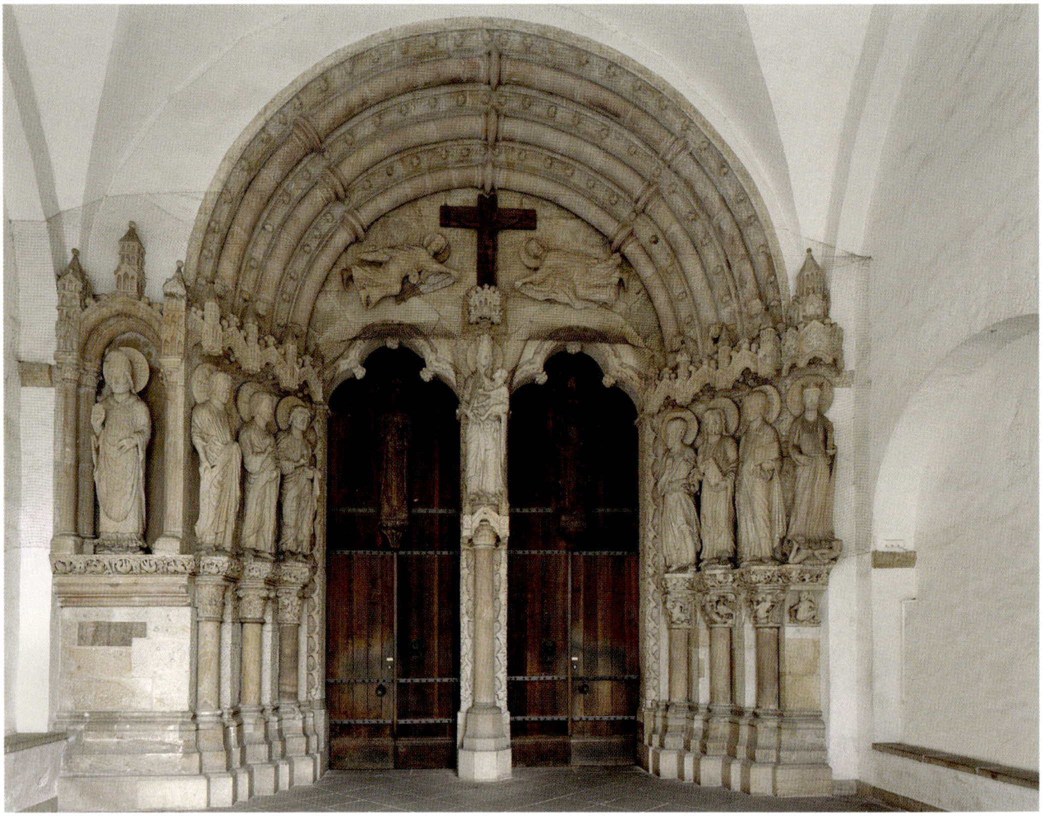

Dom: Öffentlicher Haupteingang von der „Paradies“ genannten Südvorhalle aus. Vor den Gewänden des etwa zwischen 1230 und 1250 entstandenen Doppelportals stehen je drei überlebensgroße Apostelstatuen auf kurzen Säulen, darunter links Petrus und Jakobus, rechts Paulus und Johannes. Ihre Reihung wird rechts fortgesetzt durch eine weibliche Heilige (St. Katharina ?), links von einem Bischof mit Nimbus in besonders hervorgehobener architektonischer Rahmung. Es handelt sich wahrscheinlich um den Heiligen Julian von Le Mans, dessen Reliquien 1243 an die Paderborner Kathedrale geschenkt wurden. Entsprechend dem Weihetitel des Domes nimmt das Zentrum der Figurengruppe die Himmelskönigin Maria mit dem Jesusknaben ein. Ihr Standbild am Mittelpfeiler, begleitet von wahrscheinlich schon im 12. Jahrhundert geschaffenen Holzskulpturen der Mitpatrone Kilian und Liborius auf den Türflügeln, empfängt die vom Stadtzentrum her in das Gotteshaus eintretenden Besucher. Im Bogenfeld darüber zwei ehemals Weihrauchfässer aus Metall schwingende Engel. Das zwischen ihnen eingefügte Holzkreuz gehört vielleicht nicht ursprünglich an diese Stelle.

weithin sichtbaren Chorturm, den zwei runde Treppentürme flankieren. Gleichzeitig begannen die Arbeiten am Ostchor, während dazwischen das romanische Langhaus und die beiden Querschiffe einstweilen bestehen blieben. Die zweite Bauphase umfasste im Westen Teile des vierjochigen Langhauses, nun in Gestalt einer Halle mit gleichhohen Gewölben in ihren drei Schiffen, sowie einen östlichen Vierungsturm. Dessen Einsturz, durch eine schriftliche Quelle in die Zeit kurz vor 1241 datierbar, ließ den Baubetrieb vorübergehend stocken und brachte Planänderungen mit sich. In der dritten Phase hat man die östliche Vierung ohne ihren Turm wiederhergestellt, den Ostchor vollendet und am Langhaus weitergebaut. Zum letzten Bauabschnitt von etwa 1260–80 gehörten dessen östliche Joche und die beiden Arme des angrenzenden Querschiffs. Damit war die architektonische Entwicklung im Wesentlichen abgeschlossen. Im Zuge der vom Anfang des 17. bis zum Beginn des 18. Jahrhunderts währenden Barockisierung wurde aus dem zweipoligen mittelalterlichen Dom durch Aufgabe des Westchores ein orientierter Richtungsbau. Restaurierungen des 19. Jahrhunderts und zuletzt in den Jahren 1978–87 sowie Kriegsverluste der frühneuzeit-

lichen Ausstattung lassen den gotischen Raumeindruck heute wieder deutlicher hervortreten.
Schon seit dem ausgehenden 11. Jahrhundert bildete das Südportal des westlichen Querschiffs den Haupteingang des Domes vom wachsenden Siedlungszentrum Paderborns am heutigen Rathaus her. Eine ehemals in zwei Jochen kreuzgratgewölbte Vorhalle, biblischer Symbolik folgend *Paradies* genannt, kam im 12. Jahrhundert hinzu. Sie wurde 1859 um die Hälfte verkürzt und bekam eine neoromanische Giebelfront. Ihre westliche Längswand ist ohne Öffnung, wohl zur Abschirmung des Hofareals hinter dem einstigen Bischofspalast. In der zum früheren Friedhof gerichteten Ostwand zeichnen sich hingegen neuzeitlich vermauerte Arkadenfolgen ab. Das Innere der Vorhalle diente bevorzugten Persönlichkeiten als Bestattungsort. Am Thronsitz (*sedes iudicaria in paradiso*) eines Vertreters des Domkapitels fanden Verhandlungen des Geistlichen Gerichts statt. Auch die Jakobspilger versammelten sich hier vor ihrem Aufbruch nach Santiago de Compostela. Seinem gestiegenen Rang entsprechend, erhielt das Portal um 1230 im Zuge des zweiten gotischen Bauabschnittes eine neue Rahmung mit doppelten Kleeblattbögen, die in das gerundete Tympanon einschneiden. In Nordfrankreich geschulte Steinmetzen, die zuvor am Paradiesportal des Domes zu Münster tätig waren, fügten wenige Jahre später den bereits mit üppiger Bauzier versehenen Gewänden überlebensgroße Statuen hinzu. Die Türflügel besetzte man mit wahrscheinlich etwas älteren Holzbildwerken. Vertreten sind die drei Dompatrone, ferner mehrere Apostel sowie weitere Heilige, deren Reliquien sich im Besitz der Kathedrale befanden. Gewissermaßen als Verkörperung eines himmlischen Empfangskommitees sollten sie den ins Gotteshaus strömenden Gläubigen die Heiltümer der Altäre und Schatzkammern ankündigen. Viel schlichter mit figürlichem Schmuck aus Tier- und Pflanzenmotiven nur in der Kapitellzone ist das noch gänzlich spätromanische, ebenfalls dreipassförmige Trichterportal in der nördlichen Querhaus-Stirnwand. Seine historische Bezeichnung *Rote Pforte* erinnert an die traditionelle Symbolfarbe der Hoch- und Blutgerichtsbarkeit und damit auch hier an Rechtsakte, die sich unter freiem Himmel auf den vorgelegten Stufen abspielten. Vielleicht reichte diese Funktion in eine Zeit zurück, als daran beteiligte Amtspersonen aus der Kaiserpfalz kommend durch *dei roden doer* den Dom betraten. Die ottonische Palastaula existierte jedoch bei Baubeginn des heutigen Domes bereits nicht mehr. Sie war angesichts ausbleibender Herrscherbesuche allmählich baufällig und im 12. Jahrhundert niedergelegt worden. Ihr durch Abbruchschutt stark aufgehöhtes Gelände wurde im späteren Mittelalter von der Dombauhütte genutzt und schließlich für die Errichtung von Kanonikerkurien parzelliert. Die Annahme eines dritten Laieneingangs in der südlichen Giebelwand des Ostquerhauses hat sich bauarchäologisch nicht bestätigen lassen. Als fiktives *Brautportal* gedeutet, wollte man ihm dort außenseitig in sekundärer Verwendung angebrachte Skulpturenzyklen aus dem letzten Viertel des 13. Jahrhunderts zuweisen, deren tatsächliche Herkunft und Verwendung bis heute ungeklärt sind.
Im Inneren des gotischen Domes hatten die Gläubigen an den meisten Kultstätten Zutritt mit Ausnahme des hochgelegenen Ostchores, der den Klerikern für ihren Gemeinschaftsgottesdienst vorbehalten blieb. Sitz der 1231 offiziell eingerichteten

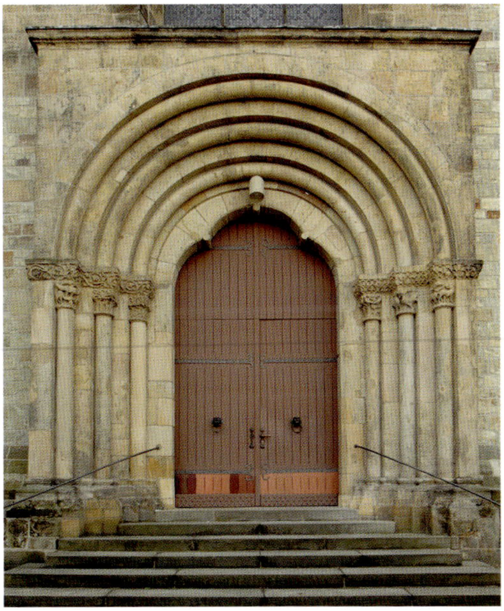

***Dom:** Die „Rote Pforte", das noch in spätromanischen Formen gehaltene Stufenportal an der nördlichen Stirnseite des Westquerschiffs.*

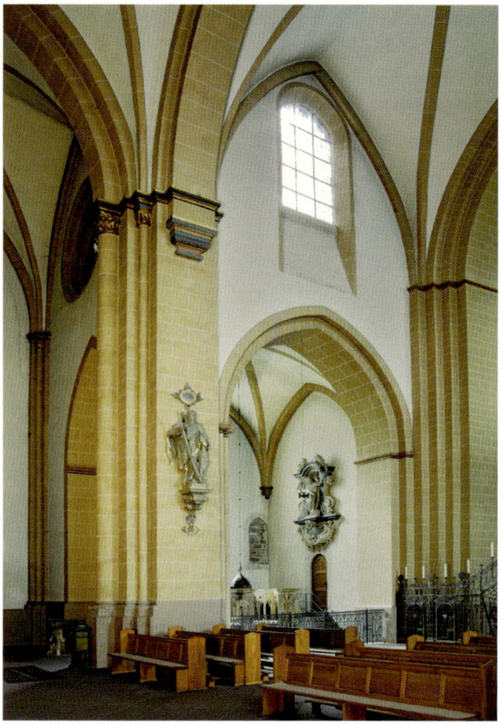

Dom: Blick aus der Westvierung in den südlichen Nebenraum des basilikalen Gegenchores. Dessen mittelalterliches Fußbodenniveau lässt sich noch an den hochliegenden Basisprofilen der Pfeiler ablesen. In der Rückwand Rundbogentür zur südlichen Wendelstiege des Westturmes. Daneben in der Südwand eine hochgelegene, heute vermauerte Pforte mit spitzbogiger Rahmung, durch die man im 13./14. Jahrhundert direkt vom benachbarten Bischofspalast in den Dom gelangen konnte.

Dom: Innenansicht des nördlichen Querschiffarms („Hasenkamp"), Blick nach Osten auf den Durchgang zum „Atrium" vor der Brigidenkapelle. Das Barockportal von 1653 überschneidet eine vorangegangene Doppelarkade mit Dreipassbögen aus dem 3. Viertel des 13. Jahrhunderts. Darüber ein vergittertes Kreisfensterchen, zu deuten als Hagioskop, wodurch wahrscheinlich eine Reliquien- oder Sakramentsnische im dahinterliegenden Neuen Kapitelsaal mit dem Kircheninnern in Verbindung stand. Die barocke Treppe am rechten Bildrand führt als Ersatz der ursprünglichen gotischen Chorschrankenstiege aufwärts in den Klerikerchor. Eine zugehörige neue Tür in den Kapitelsaal hat die gotische Pforte verdrängt, deren Konturen durch Risse im Wandputz noch zu erkennen sind. Die Stufen hinab zur Krypta begannen ursprünglich weiter östlich, im Bereich der hinteren Rundbogennische des Treppenunterbaus. Am linken Bildrand erkennt man die erst 1959 an diesen Ort verbrachte spätmittelalterliche Tumba mit der Liegefigur des Bischofs Rotho († 1051) unterhalb eines Doppelblendbogens mit verschiedenen nicht zueinander gehörenden gotischen Skulpturen. Ob man daraus ein Heiliges Grab erschließen kann, bleibt ungewiss. Die zweiteilige Wandnische zur Aufbewahrung von liturgischem Gerät deutet eher auf den früheren Standort eines Nebenaltares im nördlichen Kreuzarm hin.

▷

Dompfarrei war ein St. Johannes Baptist geweihter Altar im vorderen Teil des Westchores. Sinnvoll auf ihn bezogen erscheint die mittelalterliche Aufstellung des Taufbeckens, wahrscheinlich im ersten Mittelschiffjoch von Westen. Der *chorus inferior* (Niederer Chor) umfasste den eigentlichen Turmraum – daher die in Urkunden begegnende Ortsangabe *sub turri* für den nach wie vor dort aufgestellten Liboriusaltar – und das dreischiffige Joch von basilikalem Aufbau vor dem Westquerschiff. Sein Fußboden lag bis zur Abschaffung der Doppelchörigkeit 1653 erheblich über Langhausniveau. Das ist noch erkennbar an den hochgerückten Basisprofilen der westlichen Vierungspfeiler. Zum Mittelschiff kann man als östliche Einfassung des Pfarraltars eine niedrige Schranke annehmen, während die angegliederten Flankenräume über mehrere Stufen erreichbar waren. Etwa auf dieser Höhe stand übrigens drei Jahrzehnte lang (ca. 1220–50) eine provisorische Querwand zum Schutz vor dem Baustellenbetrieb auf der jeweils anderen Seite: Zunächst im Westchor, dann im Langhaus. Jetzt vermauert und ohne ihren hölzernen Treppenabgang zeigt sich eine Tür in der oberen Außenwand des südlichen Chornebenraumes. Hier mündete ein bereits erwähnter Verbindungsgang aus dem Obergeschoss des benachbarten Bischofspalastes. Dieser verlor allerdings 1356 endgültig seine Funktion als Residenz des Paderborner Oberhirten und wurde bald darauf größtenteils abgerissen. Der Liboriuschor erscheint geprägt hauptsächlich von zwei Elementen: Dem Gemeindegottesdienst am Johannesaltar und der liturgischen Memoria des Bischofs Imad, verbunden mit dem westlichen Hauptaltar des heiligen Liborius. Imads Bodengrab hat man im Turmraum selbst genau auf der Längsachse des Gotteshauses (*in medio ecclesiae*) wiedergefunden. Wie üblich lag der Verstorbene mit dem Kopf nach Westen, um beim Jüngsten Gericht sogleich im Osten das Himmlische Jerusalem zu erblicken. Dadurch muss sein Haupt unmittelbar das Fundament des Liboriusaltares berührt haben, auf dessen Westseite stehend der zelebrierende Priester bei der Eucharistiefeier in die gleiche Richtung

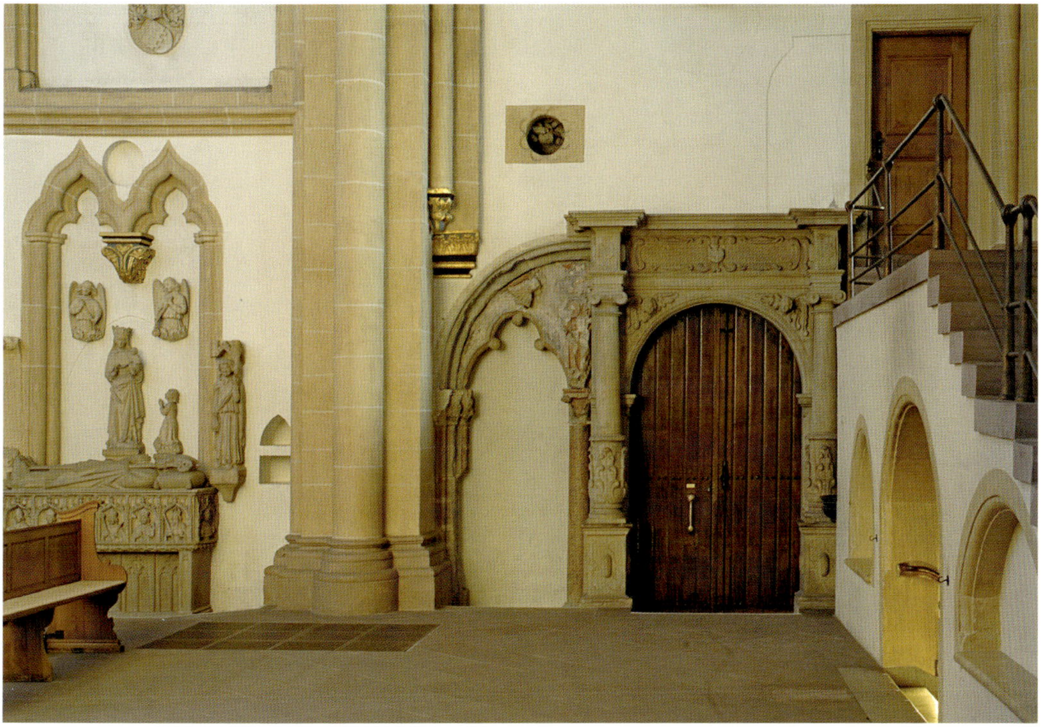

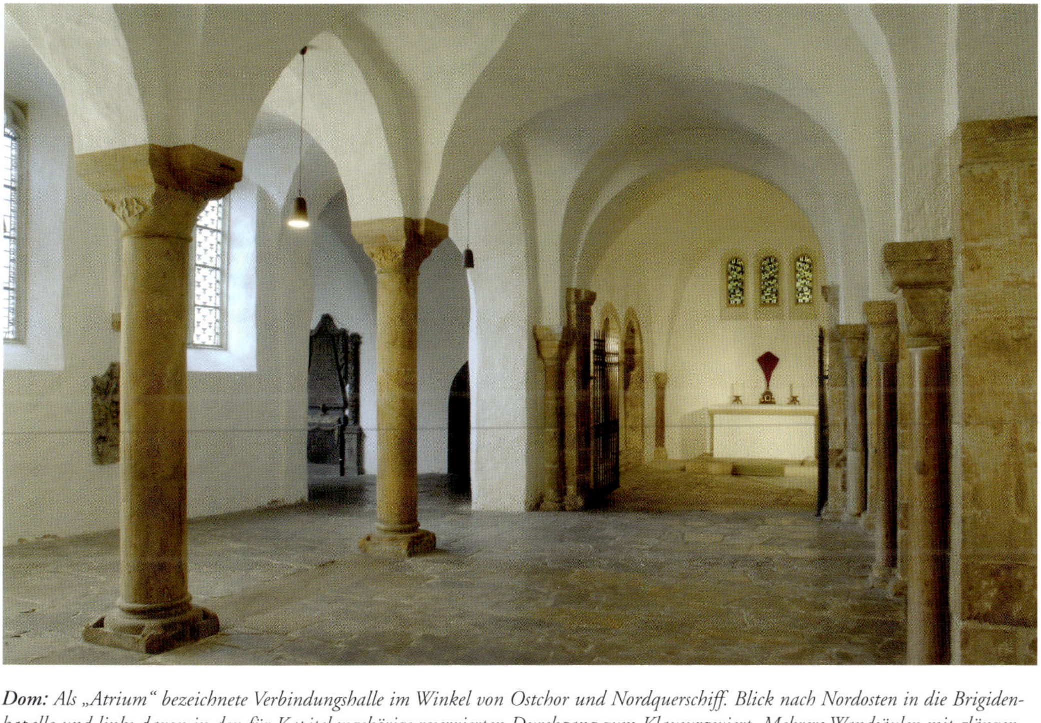

***Dom:** Als „Atrium" bezeichnete Verbindungshalle im Winkel von Ostchor und Nordquerschiff. Blick nach Nordosten in die Brigidenkapelle und links davon in den für Kapitelangehörige reservierten Durchgang zum Klausurgeviert. Mehrere Wandsäulen mit glänzenden marmorierten Schäften bestehen aus dem Kalksinter der römischen Wasserleitung nach Köln. Blöcke davon sind im Mittelalter herausgebrochen und als begehrter Schmuckstein über weite Entfernungen transportiert worden.*

sah. Diese baulich und ideell besonders innige Verklammerung von Stiftergrablege und Gegenchoraltar findet sich nahezu identisch im Westchor des Wormser Domes, wo dessen Erbauer Bischof Burchard († 1025) bestattet ist. In Paderborn hat man später noch das Grab eines anderen, nicht eindeutig identifizierten Prälaten weiter östlich in gleichfalls axialer Lage hinzugefügt. Nach den Einzelformen seines Sarkophags mit angearbeitetem Kopfteil wird er dem 12. oder frühen 13. Jahrhundert angehören.

Auch die Ostteile des Domes blieben Laien nicht gänzlich verschlossen, doch bestimmten dort Einrichtungen der Geistlichkeit das Bild. Deren wichtigste Personengruppe war das Domkapitel. Seine Mitglieder entstammten dem Landadel, ausnahmsweise genügte zur Aufnahme ein theologisches Studium. Seit der Ottonenzeit gab es neben dem Propst 24 Priesterkanoniker (*canonici maiores*) unter geistlicher Leitung des Dekans. Weitere 16 (nach 1231 noch 6) Chorherren besaßen nur die Diakons- oder Subdiakonatsweihe. Hinzu kamen 25 einfache Kleriker, ferner Anwärter auf freiwerdende Präbenden und Stiftsschüler, sowie weltliches Personal. Zu den Amtspflichten der Kanoniker gehörte die regelmäßige Teilnahme an Messfeiern und Stundengebet. In wöchentlichem Wechsel wurden Priester und Inhaber niederer Weihen zum Altardienst eingeteilt. Eine mit der Zeit beträchtlich angewachsene Schar von Hilfsgeistlichen – Vikare als Angestellte des Kapitels und Benefiziaten, die aus dem Stiftungsgut von Altären entlohnt wurden – hatte abwesende Kanoniker im Chor zu vertreten und die im Spätmittelalter immer zahlreicher werdenden Nebenaltäre und Seitenkapellen liturgisch zu betreuen. Nach entsprechenden Ansätzen bereits zur Salierzeit löste sich die gemeinschaftliche Lebensführung (*vita communis*) des Kapitels im 13. Jahrhundert endgültig auf. Um 1300 umgaben etwa 20 Kanonikerwohnungen (Kurien) entlang der Immunitätsgrenze in einem östlichen Halbkreis den Dom. Doch schliefen die Vikare, Benefiziaten und Stiftsschüler weiterhin gemeinsam *in monasterio*, also im Dormitorium der Domklausur. Das unter Meinwerk erneuerte Kreuzganggeviert hatte man im 12. Jahrhundert weiter nach Nordosten verlegt. Es bildet seither einen von der Kathedrale gänzlich abgerückten quadratischen Hof, der auf drei Seiten von doppelgeschossigen Anräumen begleitet wurde. Im Nordtrakt waren bis 1945 die Räume der Domschule gut erhalten. Der Südtrakt beherbergt noch heute im Erdgeschoss den romanischen Kapitelsaal und das ursprüngliche Archiv. Darüber erstreckte sich der große Schlafsaal. Die vier Galerien des Umgangs wurden im 14. Jahrhundert auf den hochmittelalterlichen Fundamenten vollständig neugebaut und eingewölbt, ihre zuvor offenen Arkaden im 16. Jahrhundert mit verglasten Maßwerkfenstern versehen. Einzige Passage und gewissermaßen Gelenkstelle zwischen der Klausur des Domes und dessen Ostteilen ist seit der Stauferzeit eine später als *Atrium* bezeichnete Durchgangshalle im Winkel von Hohem Chor und nördlichem Arm des Ostquerschiffs. Seinen Namen *Hasenkamp* erhielt dieser polygonal geschlossene Kreuzarm in Erinnerung an eine dort nachzuweisende Stifterfamilie. Die kreuzgratgewölbte zweischiffige Atriumhalle aus der Zeit um 1170 wurde im 13. Jahrhundert durch ein nördliches Nebenschiff erweitert. Als Vorgänger hatte sie eine Kapelle der irischen Heiligen Brigida, deren Geschichte bis zur Bistumsgründung zurückreicht. Allmählich beschränkte sich die sakrale Funktion auf ihren rechteckigen Altarraum. Eine etwa 1260 in der formalen Nachfolge des Paradiesportals gestaltete Doppelpforte war 1653 bei Anlage des barocken Christophorusportals teilweise zerstört worden. Ihre verbliebene Nordhälfte hat man in den fünfziger Jahren wieder freigelegt und als Wandblende sichtbar belassen. Von dort konnten Angehörige des Domklerus in die Krypta hinab- oder zu ihrem Chorgestühl im Hochchor hinaufsteigen.

Um 1300 wurden der Alte Kapitelsaal und das Domstiftsarchiv am südlichen Kreuzgangflügel in Kapellen umgewandelt. Für Ersatz sorgte man in einem aufgestockten Geschoss oberhalb von Atrium und Brigidenkapelle. Genauer gesagt, liegt der gotische Neue Kapitelsaal als längsoblonger flachgedeckter Rechteckraum über den beiden südlichen, stauferzeitlichen Schiffen des Atriums, also in bequemerer Nähe zum Hochchor. Seinen halbsakralen Charakter verdeutlicht ein Altar vor der östlichen Schmalwand. Mit dem jüngeren Kapitelsaal kommuniziert eine Kammer am West-

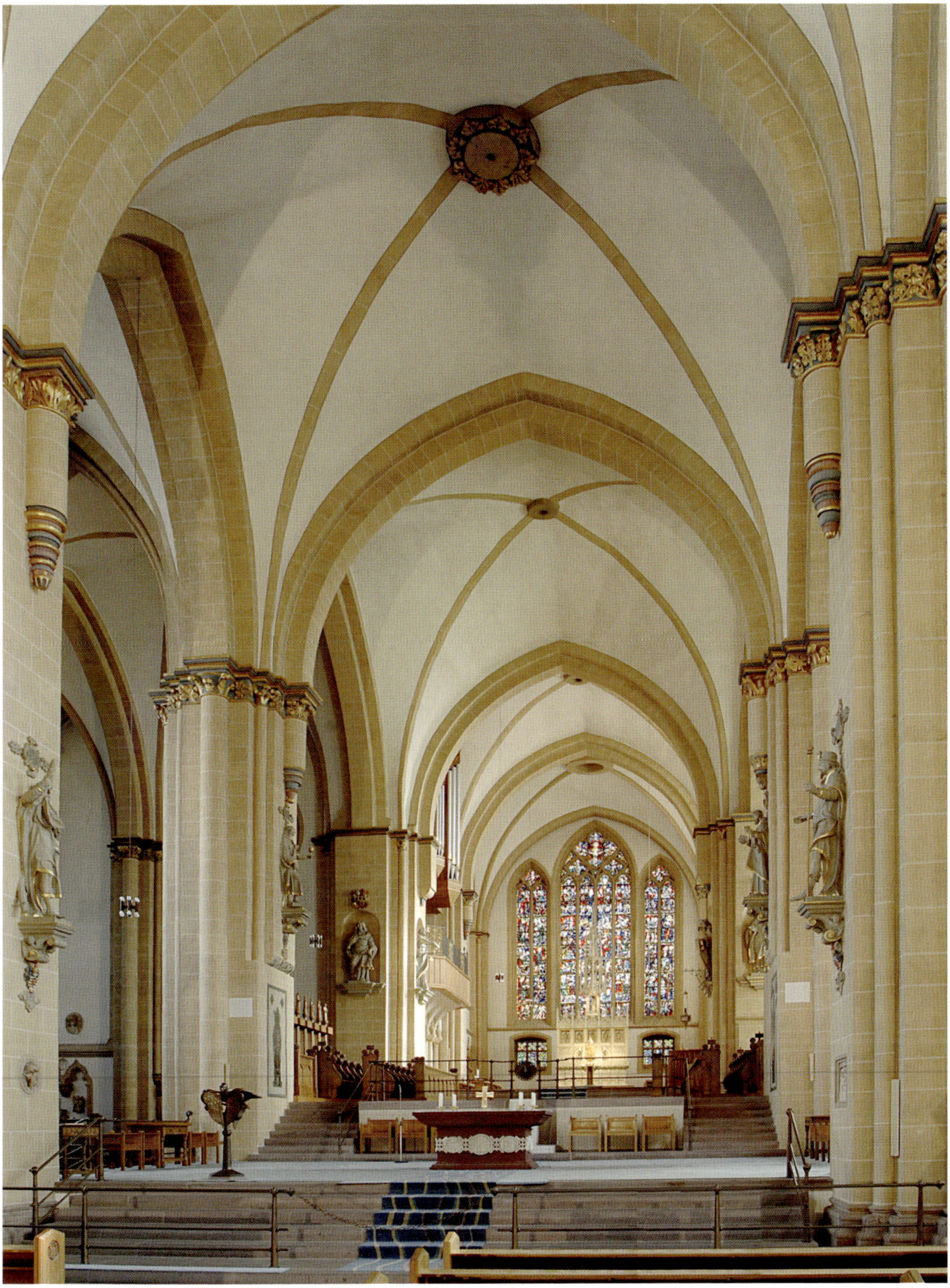

***Dom:** Blick nach Osten aus dem Mittelschiff in den hochgelegenen Ostchor. Er war bis 1652 durch einen um 1280 unter dem vorderen Vierungsbogen errichteten Hallenlettner abgeschirmt. Die Brüstungshöhe der Lettnertribüne erkennt man noch an den weiter oben beginnenden Ecksäulen der westlichen Vierungspfeiler. In das moderne Chorgestühl vor den Längsschranken wurden Bestandteile seines gotischen Vorgängers integriert. Der heutige Zelebrationsaltar steht etwa an der Stelle des mittelalterlichen Kreuzaltares.*

ende des angrenzenden Dormitoriums im Obergeschoss des Klausur-Südtraktes, die als neues Archiv mit feuersicherem Tonnengewölbe ausgestattet wurde. Zum Kircheninneren führte eine Tür in der Südwestecke des Raumes, später verdrängt durch eine nicht ganz deckungsgleiche Nachfolgerin des 17. Jahrhunderts. Über einen auskragenden Steg gelangte man um 1300 beinahe so wie heute in den westlichen Teil des Kapitelchores oder die Chorschrankentreppe hinab in den Hasenkamp. Dementsprechend, nur klappsymmetrisch gebildet, waren die ursprünglichen Zugangsregelungen auf der südlichen Chorseite. Dort befindet sich die Neue Sakristei (*vestiarium novum*) als Obergeschoss identischer Form und Größe über der chorflankierenden Marienkapelle. Diese ist vom Südarm des östlichen Querschiffs zugänglich und wurde 1237 erstmals urkundlich erwähnt. Dass nicht nur die Sakristei, sondern auch ihr nördliches Pendant Funktionen einer Schatz- und Heiltumskammer besaß, macht eine auffallende Wandöffnung neben der Pforte zum Neuen Kapitelsaal deutlich. Der Oculus von 39 cm Durchmesser ist aus einem querformatigen Quader herausgeschnitten und durch kleine Rundbögen gesäumt. Mit Verweis auf andernorts überlieferte Szenen Geistlichen Theaters wurde er irrtümlich als Ausflugloch für eine Taube angesehen, die beim Pfingstgottesdienst die Herabkunft des Heiligen Geistes symbolisieren sollte. Wir haben jedoch zweifelsfrei ein Hagioskop mit kreuzförmiger Vergitterung vor uns. Die jetzt sichtbar werdende Steinverfüllung ist eine Folge der neuzeitlichen Höherlegung des Fußbodens im Kapitelsaal. Ursprünglich muß man sich, ausgespart in der erheblichen Mauerstärke, dahinter eine kleine verschließbare Reliquiennische vorstellen. Dort dürfte offenbar in der speziellen Verfügungsgewalt des Domkapitels ein unbekanntes hochrangiges Kultobjekt verwahrt gewesen sein, das ideell durch die Kreisöffnung ins Kircheninnere hineinwirkte. Weil die schmückende Einfassung ihrer Vorderkante formal dem Dekor einer Patene ähnelt und entsprechende Oculi auch bei mittelalterlichen Wandtabernakeln vorkommen, wäre zudem an die Möglichkeit der Eucharistieweisung zu denken. So wurde zum Beispiel ein verblüffend ähnliches Rundfensterchen über dem Portal der Kapelle St. Michel d'Aiguilhe im südfranzösischen Wallfahrtsort Le Puy sicher zutref-

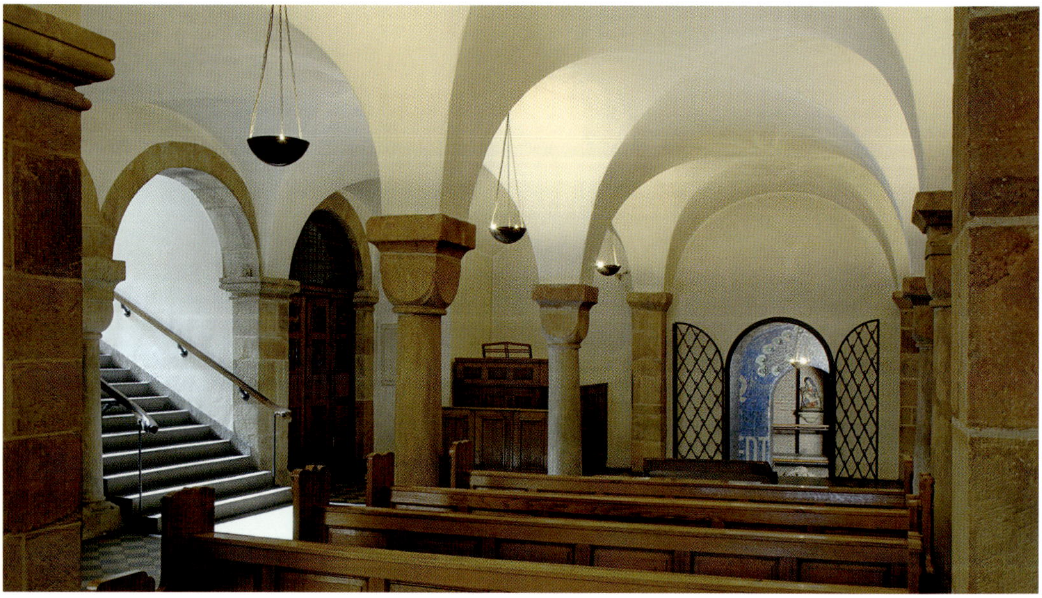

***Dom:** Innenansicht der im 13. Jahrhundert erneuerten Kryptenjoche unter der Vierung. Blick nach Westen auf die Pforte zur modernen Bischofsgruft. Früher gelangte man hier in eine gotische Confessio unterhalb des Kreuzaltares im Hallenlettner. Der südliche Treppenabgang zur Krypta am linken Bildrand befand sich ursprünglich eine Bogenstellung weiter nach Osten (links).*

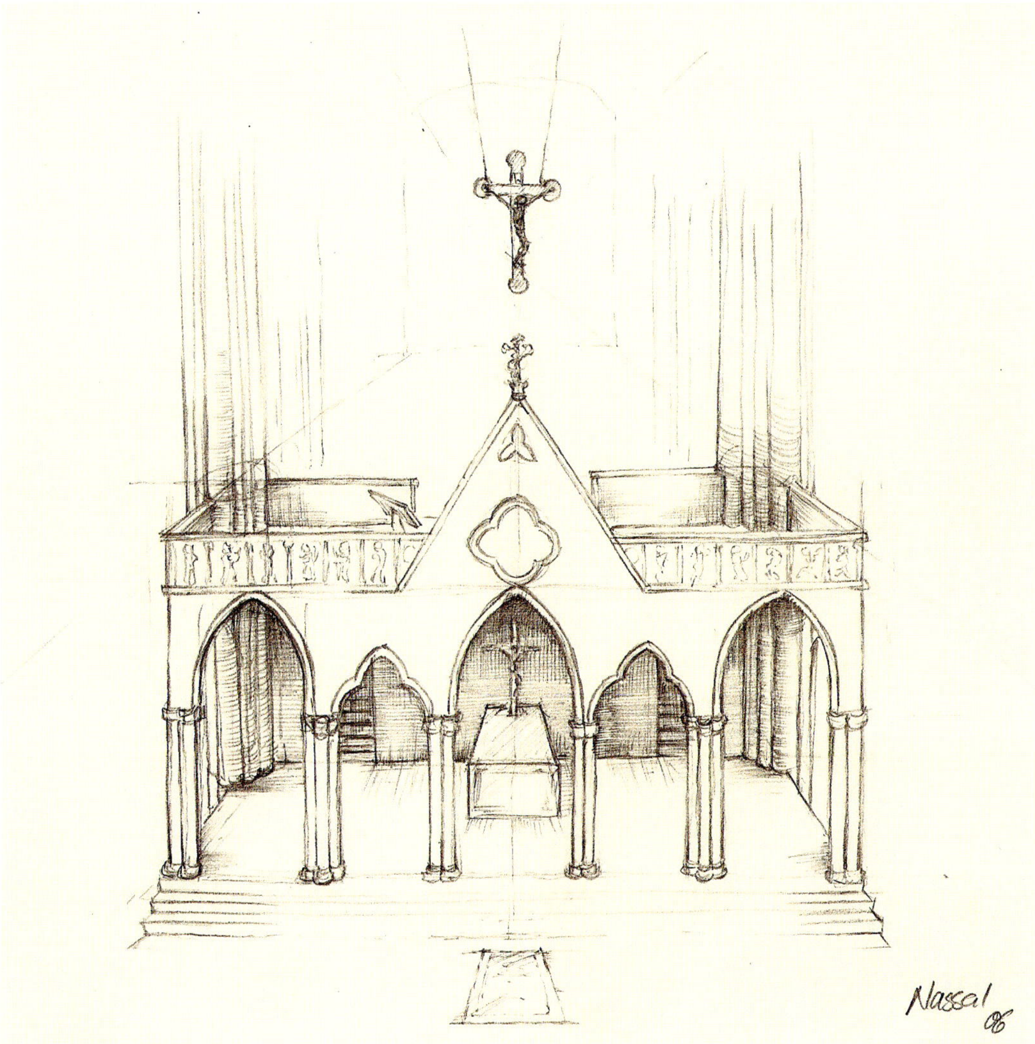

***Dom:** Um 1280 errichteter Hallenlettner als westliche Begrenzung des hochgelegenen Ostchores mit dem Chorgestühl der Kanoniker. Freie Rekonstruktionsskizze der einstigen Ansicht von Westen vor seinem Abbruch 1652.*

fend erklärt. Auch beim Paderborner Hagioskop ist seine Lage oberhalb des Durchgangs von der Klausur ins Dominnere signifikant. Als bevorzugte Adressaten der wie ein Lichtstrahl gezielt auf sie gerichteten Segenswirkung erweisen sich damit alle Kleriker, die jeden Tag mehrmals diesen Weg von ihren Gemeinschaftsräumen zum Chorgestühl im Kapitelchor einschlugen.
Das Podium des Ostchores erstreckt sich über den Gewölben der Hallenkrypta von der abschließenden Giebelwand bis zum vorderen Pfeilerpaar der östlichen Vierung. Es ist jeweils durch einige Stufen in drei ansteigende Abschnitte gegliedert. Im Zentrum der obersten Ebene, dem eigentlichen Sanktuarium, stand anfangs allein der Hochaltar. Er war ursprünglich der Gottesmutter und dem heiligen Kilian geweiht. Seit dem 12. Jahrhundert kam im Zuge der kontinuierlichen Verlagerung des liturgischen Geschehens in die Ostteile des Domes Liborius als Mitpatron hinzu und gewann im Spätmittelalter schließlich den Vorrang – unbeschadet seiner bis 1652 fortdauernden Vereh-

rung im Westchor (siehe S. 20 f.). Auch eine bischöfliche Kathedra wird man im Sanktuarium vermuten dürfen. Der mittlere Chorabschnitt nahm das Gestühl der Kanoniker auf. Zwischen den beiden einander gegenüberstehenden Sitzreihen ist das Fundament eines großen Standleuchters nachgewiesen. Auf der unteren Ebene im Bereich der Vierung befanden sich die Chorsitze des niederen Klerus, der Vikare und Benefiziaten. Nur die seitlichen Durchgänge in den Längsschranken sind mittelalterlich – modernen Ursprungs hingegen heutige Pforten zu den Chorflankenräumen, nachträglich eingeschnitten in die Blendarkaturen der seitlichen Chorwände. Hoch ansetzende Vorlagen an den westlichen Vierungspfeilern lassen noch die Abmessungen der zwischen ihnen eingespannten Querschranke erkennen. Sie entstand am Ende der letzten Dombauphase etwa 1280 und wurde Mitte des 17. Jahrhunderts durch Anlage der barocken Chorstufen beseitigt. Zu rekonstruieren ist sie nach archäologischen Spuren und

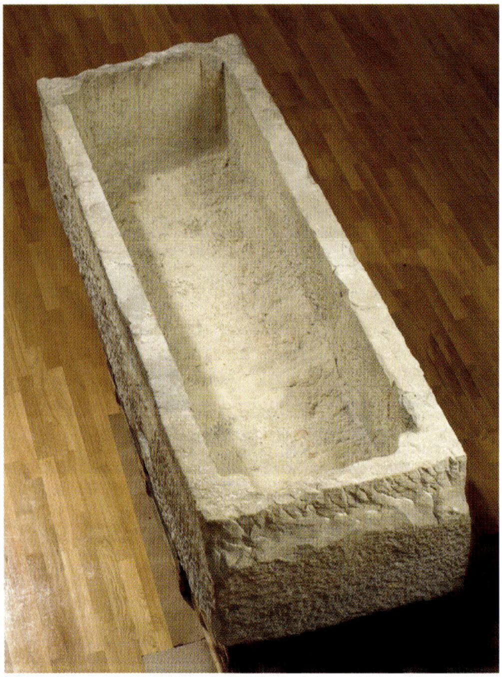

***Dom:** Von Bischof Imad 1068 für eine Sammelbestattung der ältesten Paderborner Oberhirten hergerichteter Sarkophag, ausgegraben im Mittelschiff der Krypta (heute im Erzbischöflichen Diözesanmuseum).*

schriftlichen Zeugnissen in Gestalt eines fünfjochigen Hallenlettners mit seitlichen Aufgängen zum Hochchor in der massiven Rückwand, davor 6 Freistützen. Im Mitteljoch war der übliche Platz des Kreuzaltares. Dessen besondere Rolle für das Totengedächtnis hat offensichtlich die ursprüngliche Grablege des Bischofs Rotho († 1051) in axialer Lage vor seinen Stufen angezogen. Er erhielt im 14. Jahrhundert eine Tumba im Ostchor, die heute im Hasenkamp steht. Eine rückwärtige Treppe führte vom Kapitelchor aus hinauf zur Empore oberhalb der Lettnergewölbe. Sie diente den Choralsängern als Tribüne, außerdem für volkssprachige Predigten sowie zum Vortrag von Epistel und Evangelium. Deshalb besaß sie ein Lesepult. Ihre Brüstung schmückten Reliefs und Figuren, von denen sich Spolien im Abbruchschutt gefunden haben: Im mittleren Ziergiebel ein Medaillon mit dem Weltenrichter Christus, zu beiden Seiten die zwölf Apostel als Beisitzer des Jüngsten Gerichts (nach Mt 19,28). Dieses traditionelle Bildmotiv des mit zahlreichen Kerzenleuchtern bestückten *Apostelgangs* richtete sich in erster Linie an Laien im Langhaus, für die auf dem Kreuzaltar das Messopfer gefeiert wurde. Oberhalb der Lettnerbühne hing ein kleineres Triumphkreuz (*crux minor*) vom Gewölbe herab oder stand auf einem Querbalken. Vielleicht ist es identisch mit dem romanischen Holzkreuz, das sich heute in der Krypta befindet. Ein zweites, größeres Kreuz (*crux maior*) hing unter dem östlichen Vierungsbogen. Ursprünglich aus Gold und ein Geschenk Kaiser Ottos II. (973–83), hatte man es nach einer der Brandkatastrophen des 11. oder 12. Jahrhunderts durch eine weniger kostbare Kopie ersetzt.

Mit 36 m lichter Länge gehört die dreischiffige Hallenkrypta unter dem Hochchor zu den größten romanischen Vertretern der Gattung in Deutschland. Ihre heutige Gestalt stammt aus der Zeit um 1100. Hingegen sind die (barock veränderten) Bögen der seitlichen Treppenabgänge aus den Armen des östlichen Querschiffs Zutaten des mittleren 13. Jahrhunderts. Damals wurden auch Gewölbefelder und Säulen des vorderen Kryptenbereichs erneuert, und zwar in bewußter Angleichung an die salischen Stilformen in den übrigen Jochen: Offenbar eine nach Einsturz des Vierungsturmes notwendige Reparatur. Durch den

Dombrand von 1058 verschüttete Grablegen seiner Amtsvorgänger ließ Bischof Imad öffnen (ausgenommen das erwähnte Rotho-Grab vor dem Kreuzaltar) und die Gebeine in eine Sammelbestattung vor dem Stephanusaltar überführen. Der Hohlraum des hierfür verwendeten Sarkophags wurde eigens durch nachträgliches Ausstemmen erweitert. Den Fund eines weiteren Steinsarges im nördlichen Nebenschiff der Krypta wollte man auf die ehrende Beisetzung eines Bauhandwerkers beziehen, über die Bischof Meinwerks Lebensbeschreibung berichtet. Stattdessen handelt sich aber doch wohl um das Grab eines nicht identifizierten Prälaten. Als Gruftkirche der frühen Paderborner Oberhirten war die Krypta für Laien und ihre Fürbitten an den Gräbern zugänglich, andererseits leisteten auch die darüber im Kapitelchor zum Gottesdienst versammelten Kleriker ihren Anteil am bischöflichen Totengedächtnis. Diese vertikale Bezugnahme bei gleichzeitiger räumlicher Trennung der beteiligten Personengruppen wurde schon durch die Grablege Meinwerks in der Abdinghofkirche vorweggenommen (siehe S. 30). Zudem ist beiden Krypten der Weihetitel ihres Altares und damit die Wahl des himmlischen Fürsprechers der Verstorbenen gemeinsam. Aus der Domkrypta führt heute eine Tür in der westlichen Stirnwand zum Vorraum der modernen Erzbischofsgruft. Bis zu den barocken Umbauten war hier – nun in betonter Vertikalanordnung zum Kreuzaltar – seit dem 13. Jahrhundert ein niedriges Gelass mit dreiteiligem Tonnengewölbe eingefügt. Noch früher gab es an dieser Stelle eine tieferliegende, oben offene Kultstätte unbekannter Bestimmung. Zunächst ohne jede Beweismöglichkeit sei die Hypothese erlaubt, dass diese eigentlich unzeitgemäße gotische Confessio vielleicht Reliquien des heiligen Julian aufnehmen sollte, der neben Liborius als zweiter Bischof des Patenbistums Le Mans seit 1243 in Paderborn verehrt wurde.

Von den teilweise spätmittelalterlichen, in der Barockzeit durchweg erneuerten Seitenschiffkapellen verzeichnet unser Plan nur zwei frühe, gleich nach Abschluss des letzten Dombauabschnitts erfolgte Stiftungen. Ebenso muss auf eine Darstellung der zahlreichen nach 1300 errichteten Altäre sowie spätgotischer und neuzeitlicher Denkmäler des

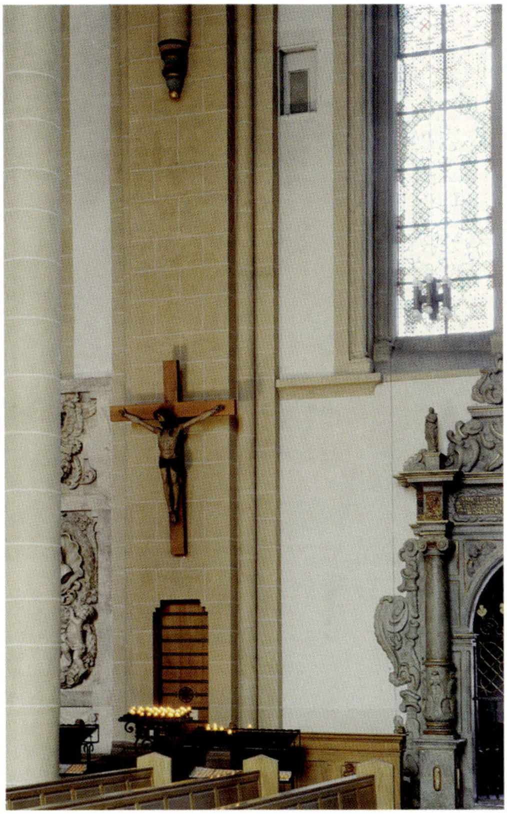

***Dom:** Mittlere Wandvorlage im nördlichen Seitenschiff. Hinter dem Türchen führt eine Wendeltreppe im dafür verstärkten Strebepfeiler zur mittelalterlichen Orgelbühne hinauf. Diese öffnete sich mit einem großen Bogen ins Kircheninnere – etwa in Höhe des kleinen Fensters seitlich der Gewölbekonsole – und wurde erst in der Barockzeit zugesetzt. Dabei verwendete man täuschend ähnlich dem hochgotischen Stil der Umgebung angeglichene Formen.*

ortsfesten liturgischen Dommobiliars verzichtet werden. Aus früheren Jahrhunderten überkommen ist das sonst selten erhaltene Beispiel einer Orgelbühne. Das 1348 erstmals erwähnte Instrument befand sich – vom liturgischen Geschehen im Ost- und Westchor etwa gleich weit entfernt – auf einem ehemals in die Gewölbezone vorkragenden Podium an der mittleren Wandvorlage des nördlichen Seitenschiffs. Dahinter erschließt eine Wendelstiege im extra verstärkten Strebepfeiler die rückwärtige Kammer für den Blasebalg. Die bewegliche Kirchenausstattung des Hochmittelalters ist zumeist zerstört oder verschollen und nur sporadisch durch Schriftquellen bezeugt. Immerhin haben sich vier Domglocken aus dem 13. Jahrhundert erhalten. Der von Meinwerk geschenkte Radleuchter hing später vielleicht unter dem Gewölbe des zweiten Mittelschiffjoches von Osten, das als einziges einen sternförmigen Rippendekor aufweist. Ferner ging ein von Bischof Imad gestiftetes goldenes Antependium verloren, ebenso der aus seinen Mitteln mit einer Goldverkleidung ausgezeichnete ältere Liboriusschrein. Hingegen wurde Imads wohl dem Hochaltar des östlichen Marienchores zugedachte Holzskulptur der Gottesmutter mit dem Jesusknaben beim Dombrand des Jahres 1058 zwar beschädigt, doch gerettet und anschließend wie ihr Essener Gegenstück mit Goldblech überzogen (wieder abgenommen 1762). Das hochberühmte Kunstwerk ist durch eine verschließbare rückwärtige Höhlung als Reliquiar ausgewiesen und zählt heute zu den bekanntesten Exponaten des Erzbischöflichen Diözesanmuseums.

Die ehemalige Benediktiner-Mönchskirche St. Maria, Petrus und Paulus (Abdinghofkirche)

Unmittelbar neben der Domburg, am Hang oberhalb der westlichen Paderquellen, richtete Meinwerk wenige Jahre nach seiner Erhebung zum Bischof 1014 ein Benediktinerkloster ein. Legendenhafter späterer Tradition zufolge kam der Gründungskonvent aus dem berühmten burgundischen Reformkloster Cluny. Tatsächlich waren es vielleicht eher Mönche der damals von diesem geistigen Zentrum geprägten Abtei St. Pantaleon in Köln, denen er die Gebetsfürsorge an seiner künftigen Grablege anvertrauen wollte. Ihre Zahl betrug anfangs etwa 30 (darunter nur einige zum Priester geweiht) und wurde im 14. Jahrhundert auf 24 beschränkt. Hinzurechnen muss man bis zum Ende des Mittelalters gewiss mindestens ebensoviele Laienbrüder, ferner Novizen sowie Angehörige der klösterlichen Familia in größerer Zahl.

Das Abdinghofkloster – wahrscheinlich die Übertragung ins Deutsche von *curia abbatis*, einem Wirtschaftshof der Abtei – bildete in annähernd exakter Ausrichtung auf die Längsachse des Domes den westlichen Arm des Meinwerkschen Kirchenkreuzes. In der um 1160 vom Abdinghofer Abt Konrad verfassten Lebensbeschreibung des Bischofs wird als ältestes Gotteshaus und Keimzelle der Neugründung eine Benediktkapelle genannt. Später war sie dem Infirmarium, also der klösterlichen Krankenstation zugeordnet und daher nicht identisch mit dem 1016 geweihten, noch provisorischen ersten Kirchenbau. Dessen Patrozinium der Apostelfürsten Petrus und Paulus

Abdinghofkirche: *Erdgeschoss- und Chorgrundriss, darunter Kryptengrundriss, darüber Längsschnitt. In den Vignetten Grundrisse des Westbau-Zwischengeschosses mit seitlichen Gewölbekammern sowie des Westbau-Obergeschosses mit Empore a. Östlicher Hochaltar: St. Petrus und Paulus b. Altar des nördlichen Nebenchores (Patrozinium unsicher) c. Altar des südlichen Nebenchores (Patrozinium unsicher) d. Altar des Westchores: St. Maria und Engel e. Kreuzaltar f. Kryptenaltar: St. Stephanus g. Altar der Abtkapelle: St. Benedikt 1. Grablege des Bischofs Meinwerk († 1036) 2. Grablege des Bischofs Poppo († 1083) 3. Schatz- und Archivräume im Westbau-Zwischengeschoss 4. Dreiteilige Westbau-Empore mit Arkadenöffnungen zum Langhaus. Im Mittelabschnitt vermutlich Thronsitz des Abtes 5. Abtkapelle in einem Turmraum oberhalb des nordwestlichen Kreuzgangwinkels 6. Spätgotische Nebenkapellen St. Johannes und St. Jakobus zu Seiten des Sanktuariums, im frühen 19. Jahrhundert abgerissen.*

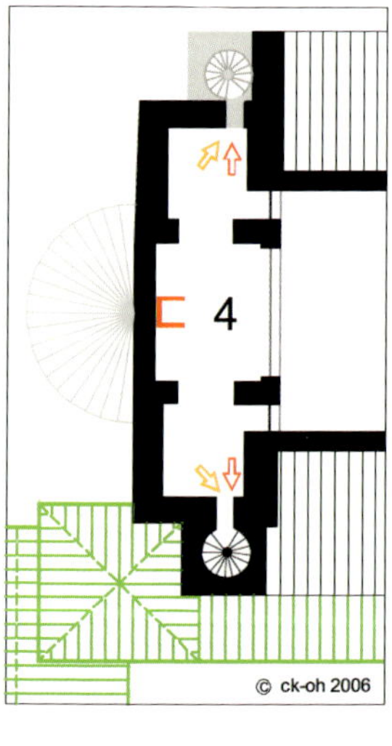

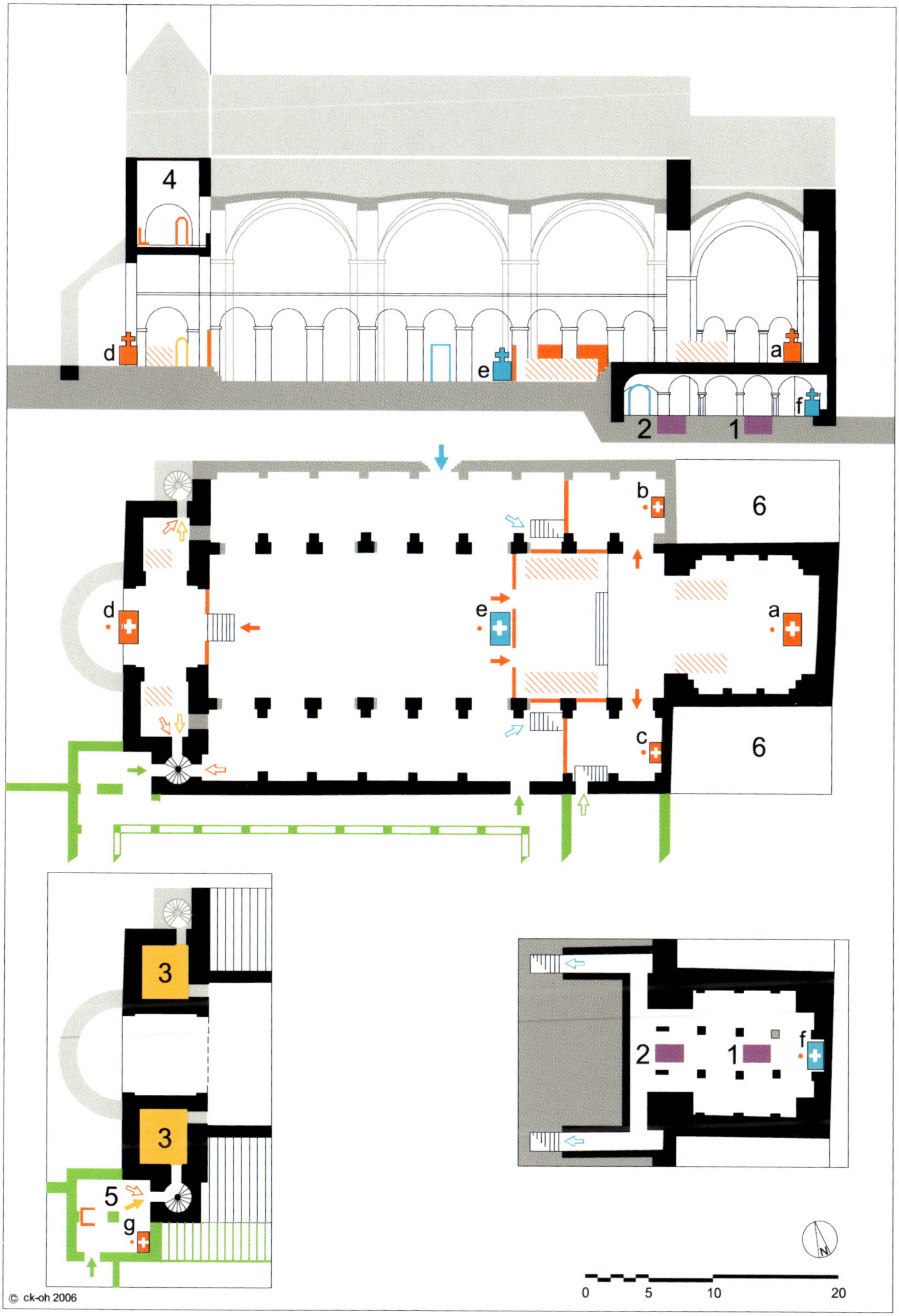
4
d
a
e
f
2
1
b
6
c
6
3
3
5
g
N
0
5
10
20
© ck-oh 2006

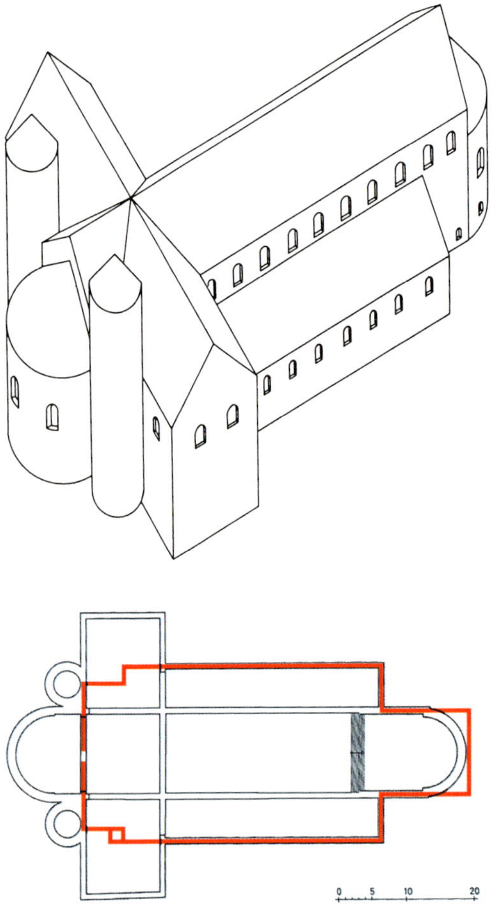

Abdinghofkirche: *Schematische Grundriss-Rekonstruktion der unter Bischof Meinwerk (1009–36) begonnenen Basilika mit ausladendem „römischen" Westquerhaus und halbkreisförmiger Ostapsis (schwarz). Zum Vergleich Umrisslinie der heutigen Kirche (rot). Darüber Rekonstruktion der ursprünglichen Meinwerk-Basilika als Vogelschau von Südwesten.*

macht bereits eine betonte Anknüpfung an die Petersbasilika in Rom als Zentrum der abendländischen Christenheit deutlich. Bekräftigt wurde dies durch die ursprüngliche Baugestalt der zweiten Kirche, deren feierliche Konsekration 1022 in Anwesenheit Kaiser Heinrichs II. erfolgen sollte: Einer doppelchörigen Basilika mit *more romano* (nach römischem Vorbild) weit ausladendem westlichen Querschiff, wie man es früher bereits in vergleichbar programmatischer Absicht am karolingischen Dom des Bischofs Badurad (siehe S. 9, 10) und der wenig älteren Abteikirche zu Fulda verwirklicht hatte. Allerdings musste sich der Festakt in Paderborn wegen des kurz vor dem Weihetermin erfolgten Einsturzes der Chorwölbung auf eine östliche Krypta mit ringförmigem Umgang beschränken. Ihr Altar erhielt dabei wie sein Gegenstück im Dom den Weihetitel des Erzmärtyrers Stephanus, den Meinwerk offenbar als bevorzugten himmlischen Fürsprecher verehrte. Davor erwählte er den Ort seiner Beisetzung.

Schon daraus lässt sich ein Indiz für die baldige Verlegung des Konventchores von den Westteilen des Gotteshauses in die Nähe des östlichen Hochaltars ableiten. Dieser Prozess war damals im Dom bereits vollzogen und fiel den Abdinghofer Mönchen wohl auch deshalb leicht, weil der Gegenchor ihrer Basilika keinen bedeutenden Heiligenleib als Anziehungspunkt barg. Wie wir von vergleichbaren Situationen her wissen – etwa der Grablege des bekannten Hildesheimer Bischofs Bernward († 1022) in der von ihm außerhalb seiner Domburg errichteten Benediktinerkirche St. Michael – hatte ein Prälat als Klostergründer Anspruch auf regelmäßiges liturgisches Gedächtnis (*memoria*) der täglich zu Messfeier und Stundengebet versammelten Klostergemeinschaft. Die deshalb üblicherweise angestrebte räumliche Nähe des Stiftergrabes zum Chorgestühl, abgesondert durch Schranken und Lettner, verhinderte jedoch gleichfalls erwünschte Fürbitten von Laien am Bestattungsort. Die häufig gewählte, ebenfalls im Dom bereits zur Zeit Meinwerks und Imads realisierte Lösung bestand in der Separierung beider Personengruppen auf verschiedenen Ebenen bei gleichzeitiger Herstellung eines vertikalen Bezuges: Aus dem oberhalb des Grabes angeordneten Klerikerchor konnten nach mittelalterlicher Vorstellung Gebete und Heilswirkungen gewissermaßen heruntersinken zum Sarkophag in der Krypta. Dorthin gelangten konventfremde Kirchenbesucher über seitliche Treppenabgänge, ohne den Gottesdienst am darüber gelegenen Hochaltar zu stören. Dieser Zustand währte bis 1376, als man die Gebeine beider Bischöfe erhob und in den Konventchor überführte, wo sie seither ausschließlich klosterinterner Gebetsfürsorge anvertraut waren. Während der leere Sarkophag Meinwerks wie zur Erinnerung am alten Platz verblieb und erst 1952 in die Busdorfkirche gelangte,

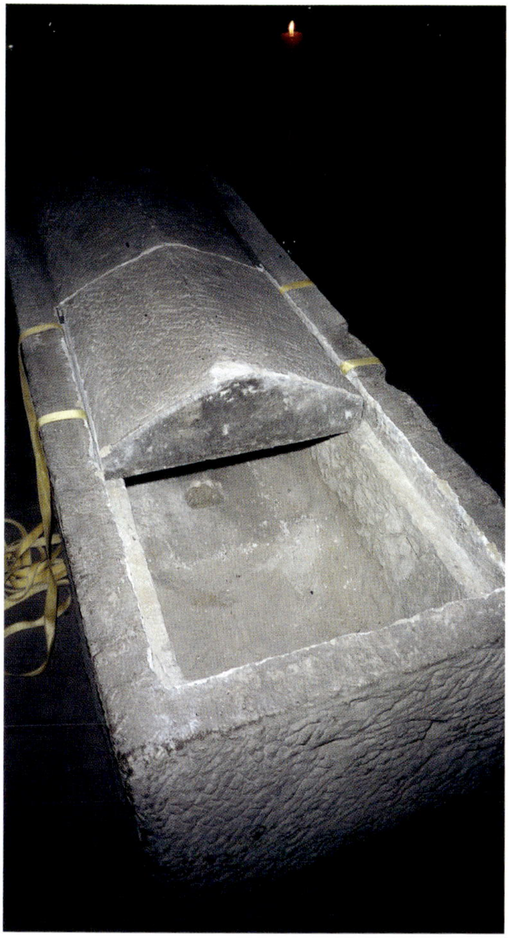

Abdinghofkirche: Sarkophag Bischof Meinwerks, heute in der Busdorfkirche, während der Entfernung des modernen Deckels im März 2006. Die Gebeine sind bereits (vorübergehend) herausgenommen. Zu erkennen ist eine originale Ausflussöffnung im Boden des steinernen Troges.

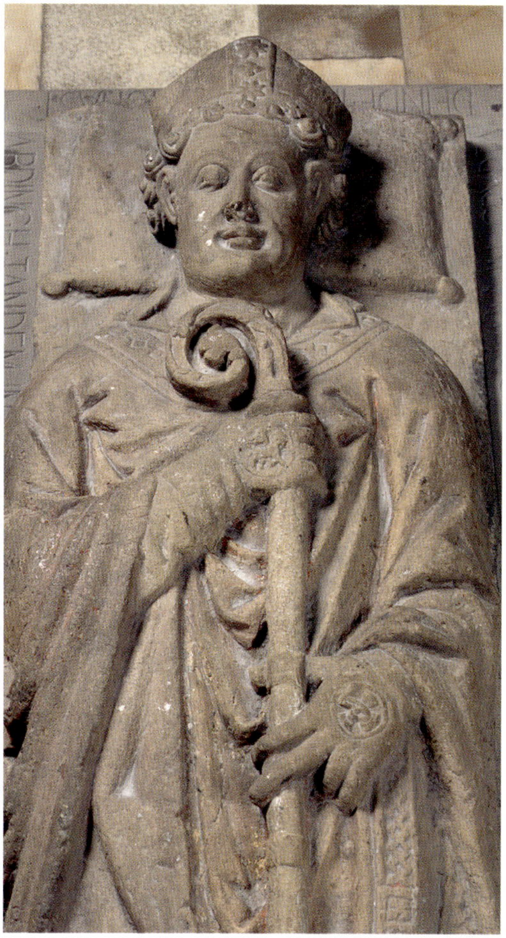

Abdinghofkirche: Gotische Grabplatte (Ausschnitt) Bischof Meinwerks, seit 1936 in der neuen Bischofsgruft des Domes.

wurde seine um 1280 entstandene skulptierte Grabplatte Bestandteil einer neuen Tumba inmitten des Chorgestühls.

Die kaum ohne Meinwerks Einverständnis nach 1022 herbeigeführte Konzeptionsänderung veranlasste einen bescheideneren Wiederaufbau unter Verzicht auf das römische Querschiff, doch Beibehaltung der Doppelchörigkeit. Die Weihe erfolgte 1031. Der verheerende Stadtbrand von 1058 machte wiederum umfängliche Reparaturen an Kirche und Konventanlage erforderlich, die erst Bischof Poppo 1078 zum Abschluss bringen konnte. Wohl deshalb fand er als zweiter Oberhirte des Paderborner Bistums 1083 sein Grab vor dem des Klostergründers in der Krypta. Dort hatte bereits der unmittelbare Meinwerk-Nachfolger Rotho ein Ewiges Licht gestiftet. Nach schweren Zerstörungen 1944/45 und der beim Wiederaufbau angestrebten Rückgewinnung des salischen Raumeindrucks zeigt sich das Gotteshaus heute wieder in einer Gestalt, die an den Bauzustand des späten 11. Jahrhunderts erinnert. Die damalige Basilika mit längsrechteckigen, nicht gegliederten Langhauspfeilern war ungewölbt. Der Fußboden lag etwas tiefer als heute. Ein rechteckiger Ostchor hatte die ältere Apsis ersetzt. Vergleichbar dem Imad-Dom, erhebt sich das hochgelegene Sanktuarium seither kastenförmig oberhalb einer dreischiffigen Hallenkrypta. Sie tritt über den Chorbogen hinaus noch ein Stück nach Westen vor. Ihre Wölbung besteht aus einander durchdringenden Längs- und Quertonnen, unter deren Stützen als Besonderheit gebündelte Säulenschäfte mit vierpassförmigem Querschnitt und wiederverwendeten Kapitellen der Meinwerkzeit auffallen. Bauarchäologisch noch nicht hinreichend überprüft und daher einstweilen hypothetisch ist die mögliche Existenz einer Confessio-Nische in der westlichen Querwand, wo sich heute eine muldenförmige Eintiefung abzeichnet. Vielleicht wurden hier die in der Weihenachricht von 1031 genannten Reliquien des heiligen Felix verwahrt. Bemerkenswert erscheint immerhin die Analogie zur Domkrypta vom späteren 11. Jahrhundert an hinsichtlich Altarpatrozinium, Bischofsgrab und Kultplatz an der Vorderseite (siehe S. 27). Die Abdinghofkirche besitzt winkelförmig geknickte Kryptenzugänge, beginnend weiter westlich in den Seitenschiffen und somit ohne Beeinträchtigung des Freiraums im Mittelschiff. Abgeteilt durch einen 1667 beseitigten Lettner zwischen dem dritten Pfeilerpaar von Osten sowie Längsschranken, befand sich an dessen östlichem Ende zu ebener Erde das Gestühl der Laienbrüder. Wie heute führten mehrere Stufen von dort hinauf zum Podium oberhalb der Krypta, wo die Chormönche ihre Sitze beim Hauptaltar hatten. Einem mittig vor dem Lettner aufgestellten Kreuzaltar konnten sich auch konventfremde Kirchenbesucher nähern, die durch das Portal des (im 19. Jahrhundert neu aufgeführten) nördlichen Seitenschiffes ins Langhaus eintraten. Auf der südlichen Klausurseite gab es zwei jetzt vermauerte Eingänge aus dem anstoßenden Kreuzgang, deren Umrisslinien noch sichtbar sind. Vom längsrechteckige Quadrum des 12. Jahrhundert blieben im Süden und Westen Arkadenfolgen und Kellergewölbe früherer Anräume erhalten, die in den Fünfziger Jahren beim Neubau städtischer Verwaltungsgebäude Berücksichtigung fanden.

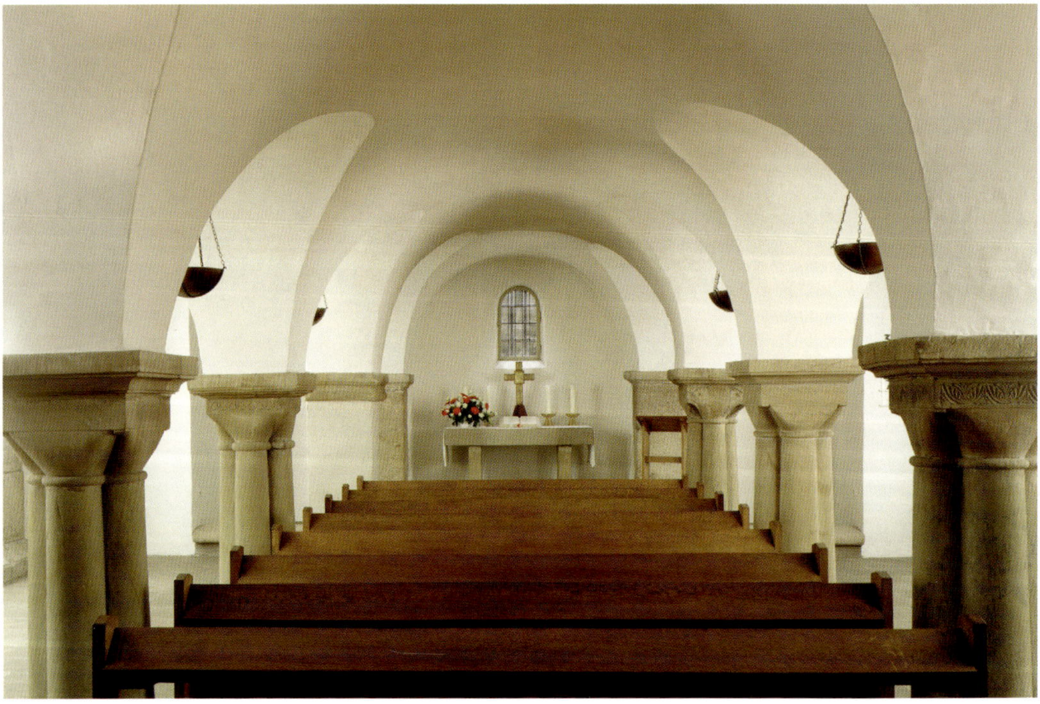

***Abdinghofkirche:** Mittelschiff der Krypta nach Osten. Ihrem Altar zugeordnet war die ursprüngliche Grablege von Bischof Meinwerk († 1036), davor erfolgte die Beisetzung von Bischof Poppo († 1083).*

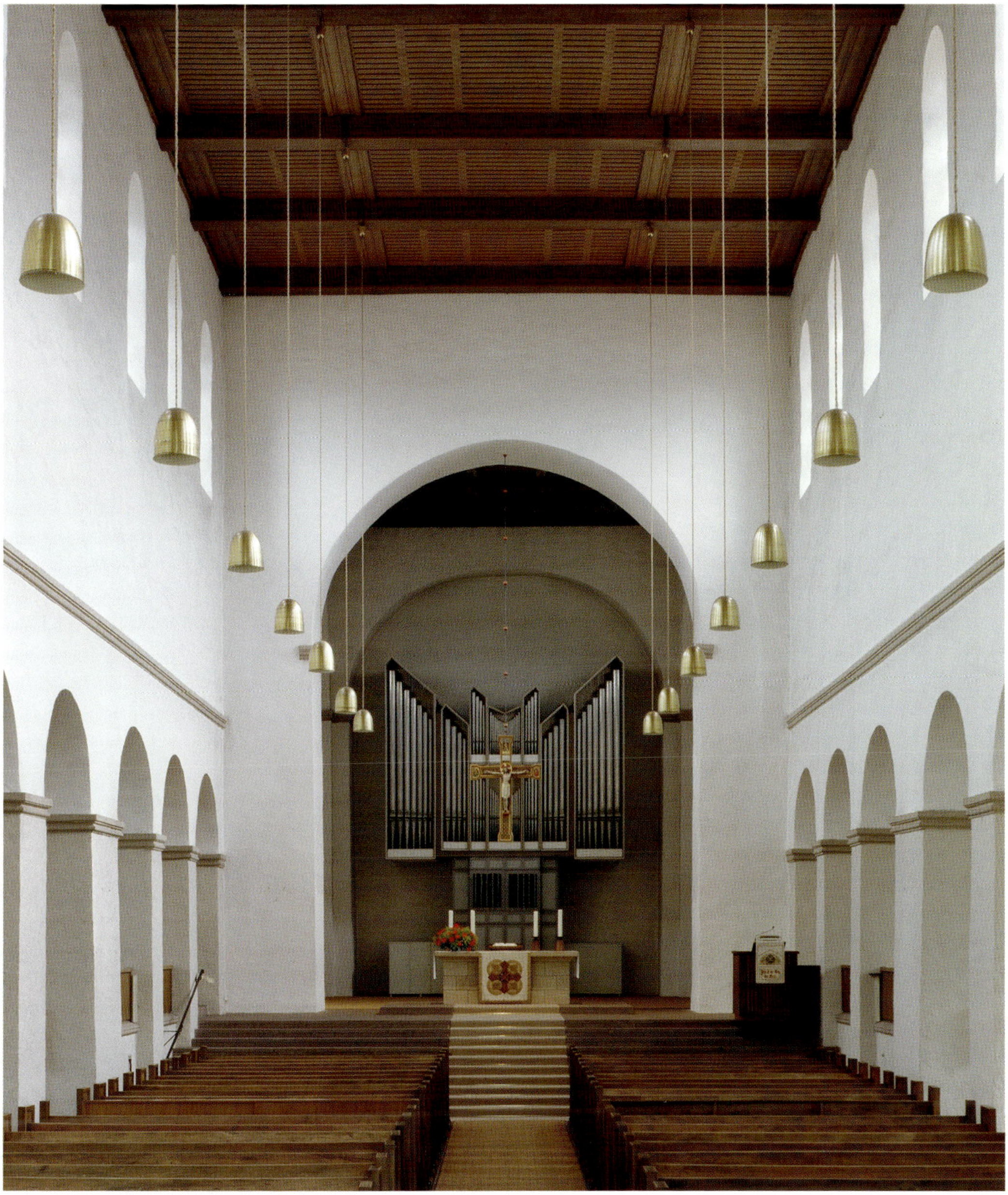

Abdinghofkirche: *Blick durch das Mittelschiff nach Osten ins rechteckige Sanktuarium und zum Podium des ehemaligen Konventchores.*

Das Mönchsdormitorium im Obergeschoss des zerstörten Klausur-Osttraktes verband eine zu den nächtlichen Offizien genutzte Stiege direkt mit dem angrenzenden Nebenchor. Seinem nördlichen Pendant entsprechend, trat dieser im 12. Jahrhundert an die Stelle eines damals wieder beseitigten salischen Querschiffes. Vielleicht war eine Angleichung an dreiteilige Chortypen der cluniazensisch-hirsauischen Reform beabsichtigt, die um 1100 im Abdinghofkloster eingeführt wurde. Baumaßnahmen, die nach einem nochmaligen Brand 1163 zu datieren sind, betrafen ferner eine Erneuerung der jetzt durch Blendarkaden bereicherten Umfassungswände des Altarhauses sowie die Einwölbung

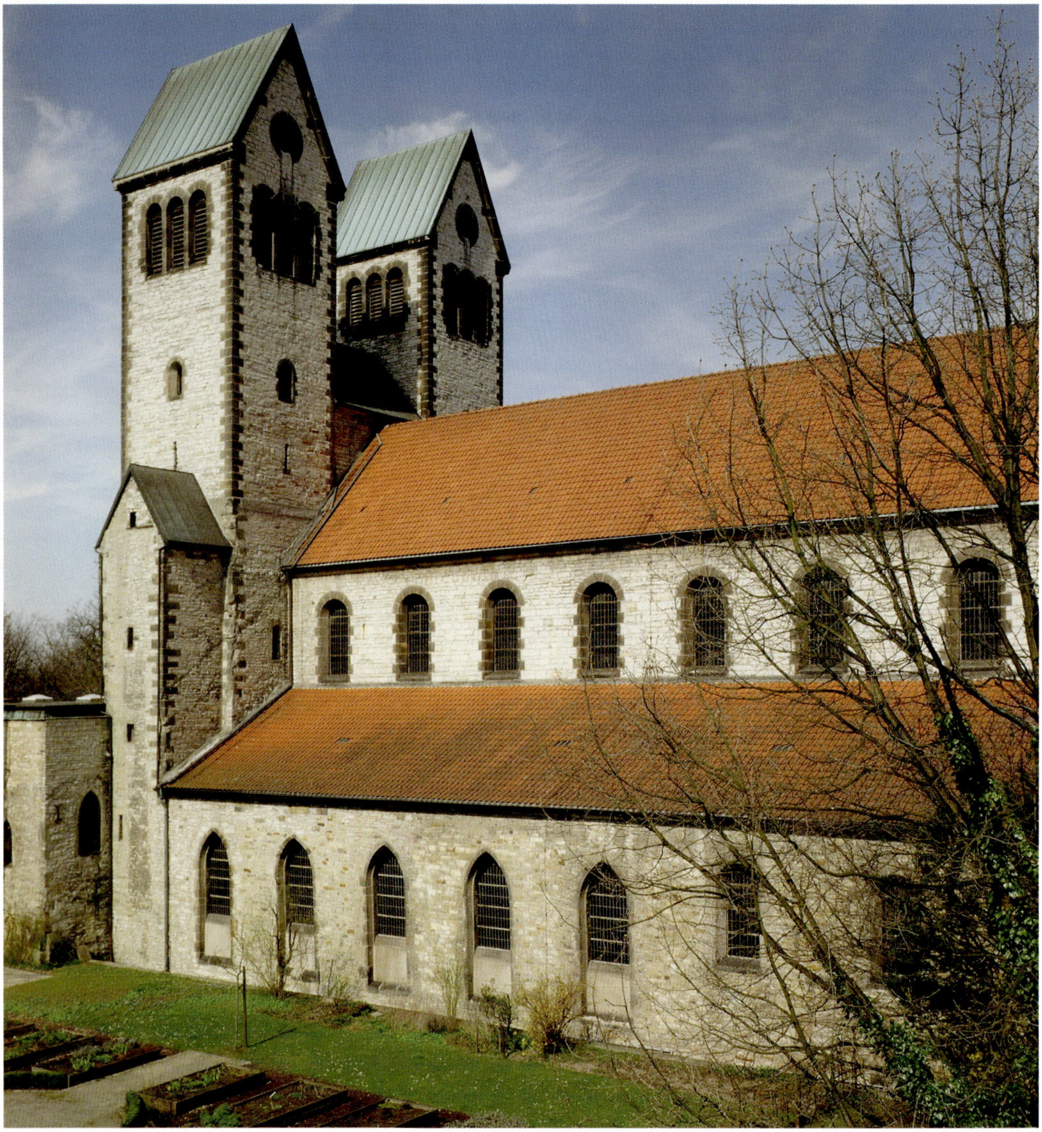

***Abdinghofkirche:** Kirchenschiff und Westquerbau von Südosten. Am linken Bildrand vortretender Annex mit Abtkapelle im ersten Obergeschoss. Unterhalb des siebten Seitenschiff-Fensters von Westen eine vermauerte Tür, die ehemals in den Kreuzgang führte.*

von Sanktuarium und Langhaus. Unangetastet blieben davon nur die Tonnengewölbe des südlichen Seitenschiffs. Hingegen wurden die baufälligen Kreuzgratgewölbe des Mittelschiffs bereits im 19. Jahrhundert entfernt; das 1945 zerstörte Chorgewölbe hat man nicht wiederhergestellt.

Von Bischof Poppo begonnen, dürfte der um etwa 160 cm über das alte Langhausniveau erhöhte westliche Gegenchor mit der Weihe seines Marienaltares 1112 vollendet gewesen sein. Heute befindet sich hier der neoromanische Haupteingang des Gotteshauses. Der einstige Westchoraltar stand im Halbrund einer 1867 beseitigten und durch Füllmauerwerk verschlossenen Apsis, deren Konturen an der stark restaurierten Fassade ablesbar bleiben. Ins Mittelschiff öffnet sich der tonnengewölbte Zentralraum des Erdgeschosses mit einem durch Zungenmauern verengten Rundbogen. Darunter kann man ehemals Schranken und einen axialen Treppenaufgang aus dem Langhaus annehmen. So ergaben sich vom dortigen Laienraum abgeschirmte, gleichfalls mit Tonnengewölben versehene Querarme. Hierbei handelte es sich keinesfalls um Durchgangsräume zu den Seitenschiffen wie in anderen doppelchörigen Basiliken der Salierzeit. Daher sind zwei heute symmetrisch unterhalb seiner Turmaufbauten in der Außenwand des Westriegels angeordnete Rundbogenpforten auch mit hoher Wahrscheinlichkeit nicht mittelalterlichen Ursprungs. Vielmehr gehörten die niedrigen Erdgeschoss-Querflügel zum apsidial geschlossenen Mittelteil des Gegenchores und boten vielleicht Sitzbänken Platz, die der Konvent während liturgischer Handlungen am Altar der westlichen Apsis einnahm. Den Schmalseiten des Westbaues, der nicht die volle Langhausbreite erreicht, sind schlanke Treppentürme angefügt (auf der Nordseite 1819 abgerissen), deren Wendelstiegen eine innere Raumverbindung von den Chorannexen zu den Obergeschossen herstellen. Die erhaltene südliche Treppenspindel hat zusätzlich untere Ausgänge zum ehemaligen Kreuzgang und ins Seitenschiff. Zwei quadratische Gewölbekammern nehmen die mittlere Ebene des Querbaus oberhalb der niedrigen unteren Seitenflügel ein, während die Längstonne des mittleren Raumabschnitts weiter ansteigt und sich konzentrisch um den Bogen der früheren Apsiskalotte legt. Als dritte Geschossebene folgt auf ganzer Grundfläche eine durch Querbögen dreigeteilte, ehemals flachgedeckte Empore. Ihre große Rundbogenöffnung ins Langhaus wird eingerahmt von je einem schmalen Seitenfenster. Die monumentale Arkade reicht so hoch hinauf, dass man im Mittelschiff des 11. Jahrhunderts keine Balkendecke, sondern einen offenen Dachstuhl annehmen muss. Wegen der dort im 12. Jahrhundert stattdessen eingezogenen Kreuzgewölbe wurde bereits damals die obere Bogenhälfte vermauert. Nach 1945 hat man auch die unterhalb des romanischen Segmentbogens verbliebene niedrige Öffnung zugesetzt und ihre Existenz durch kirchseitige Blendnischen lediglich angedeutet.

Abdinghofkirche: *Vermauerte Tür zum früheren Kreuzgang in der Außenwand des südlichen Seitenschiffs.*

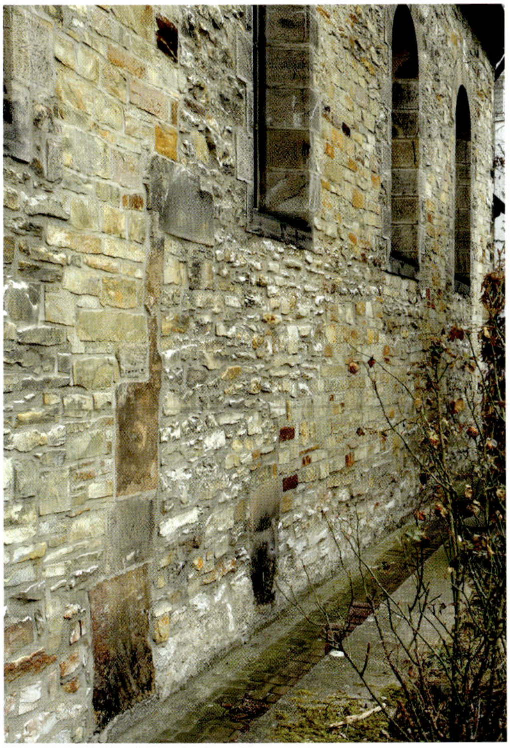

Welche historischen Funktionen kann man diesem komplizierten Raumgefüge zuweisen, das weder von außen noch vom Kircheninneren her für den Betrachter voll erfassbar ist? Nach einer Analyse der Verbindungswege, Zugangsregelungen und vorgegebenen Blickrichtungen bieten sich folgende Erklärungsmöglichkeiten an: Von besonderer Aussagekraft erscheinen die beiden abschließbaren, feuersicher gewölbten, bis auf winzige Öffnungen ins Kirchenschiff fensterlosen Räume des Zwischengeschosses. Ihre halb verborgene Existenz kann leicht übersehen werden, doch waren sie für einen begrenzten Personenkreis bequem erreichbar. Dazu zählten alle im Westchor zutrittsberechtigten Konventmitglieder und vor allem der Abt, dessen Wohn- und Amtsräume sich damals im westlichen Klausurtrakt befanden. Eine direkte Verbindung von dort zur südlichen der beiden Gewölbekammern stellte das im Obergeschoss eines turmartigen Anbaus etwa auf gleicher Höhe gelegene Privatoratorium des Konventvorstehers dar. Der quadratische Kapellenraum mit gurtlosen Kreuzgratgewölben über Ecksäulchen und einer Mittelstütze zeigt qualitätvolle Bauzier

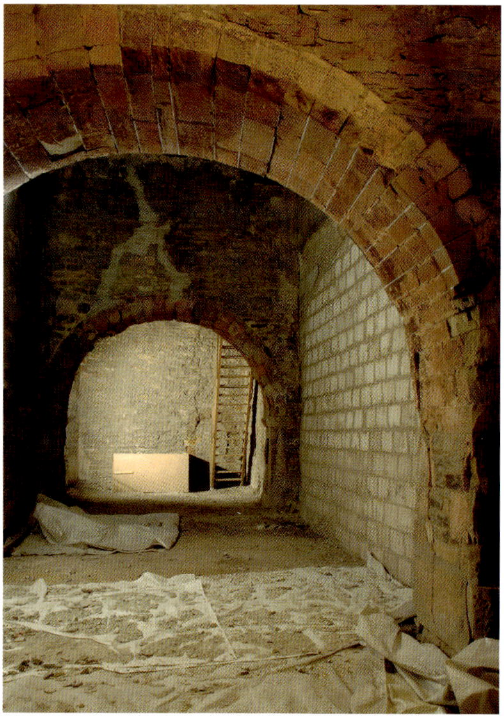

Abdinghofkirche: Dreiteilige Empore im zweiten Obergeschoss des Westbaues, Innenansicht nach Norden. Rechts die in ihrem unteren Teil modern abgemauerte, durch einen Segmentbogen bereits im 12. Jahrhundert verkleinerte Öffnung ins Mittelschiff. In der Nordwand des rückwärtigen Emporenraumes zugesetzte Rundbogentür, die in den Anfang des 19. Jahrhunderts abgebrochenen nördlichen Treppenturm führte.

aus dem dritten Viertel des 12. Jahrhunderts. Angesichts ihrer charakteristischen Eigenschaften lassen sich mittelalterliche Nutzungen der Zwischengeschossräume als Schatzkammer und Archiv sowie Sakristei für den Marienaltar des Westchores wahrscheinlich machen. Vergleichbare Hochräume finden sich etwa in den Chorflankentürmen der Stiftskirche zu Geseke und im Westbau des Essener Münsters. Dem Abdinghofer Abt möchte man gleichfalls die Empore im darüber liegenden Geschoss des Querriegels als zeitweiligen Aufenthaltsort zuschreiben. Natürlich war sein üblicher Platz ein entsprechend hervorgehobener Sitz des östlichen Chorgestühls, wo er im Kreis der Konventualen an der monastischen Liturgie teilnahm. Doch brachte seine Leitungsfunktion engere Kontakte zur Außenwelt und bei bestimmten Anlässen eine hierarchisch begründete Absonderung von der Mönchsgemeinschaft mit sich. Zwar hatte die Westempore keinen eigenen Altar für private Messfeiern, offenbar auch nicht erforderlich wegen der Nähe zur Abtkapelle. Allerdings war die Observierung gottesdienstlicher Handlungen am Kreuzaltar und sogar über den Lettner hinweg im östlichen Konventchor möglich. Zudem bot die aufwendige Drillingsarkatur in der Tradition früh- und hochmittelalterlicher Herrscher- und Patronatslogen einen repräsentativen Rahmen für den zeremoniellen Empfang hochgestellter Persönlichkeiten. Entsprechende Verhältnisse sind zum Beispiel während der Amtszeit des Abtes Wibald von Stablo (1146–58) im Westwerk der Corveyer Abteikirche nachzuweisen. Dessen Obergeschoss wurde damals als Emporenkapelle für den Konventvorsteher und seine Gäste reserviert, daher mit der

Abdinghofkirche: Innenansicht des kriegszerstörten Langhauses nach Westen (Aufnahme 1948). Man erkennt die große, bis in den Dachstuhl hinaufreichende Bogenöffnung der Westbauempore des späten 11. Jahrhunderts, flankiert von schmalen rundbogigen Fenstern. Wegen der Einwölbung des Mittelschiffs im 12. Jahrhundert musste die ursprüngliche Emporenarkade um mehr als die Hälfte durch Füllmauerwerk verkleinert werden, das auf einem flachen Segmentbogen ruht.

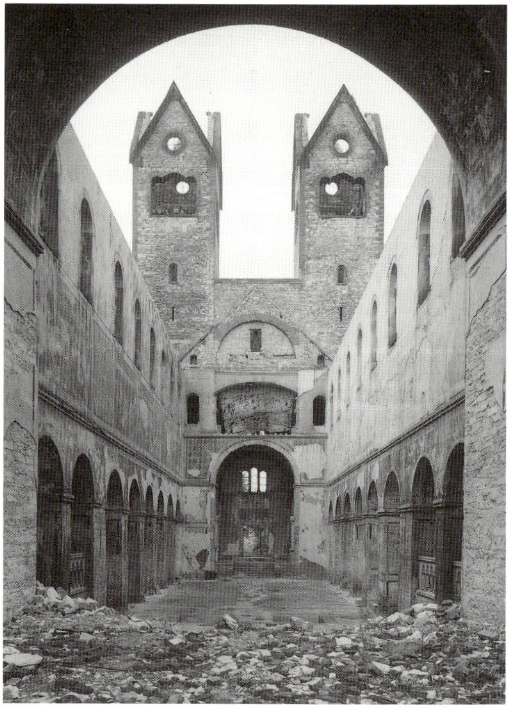

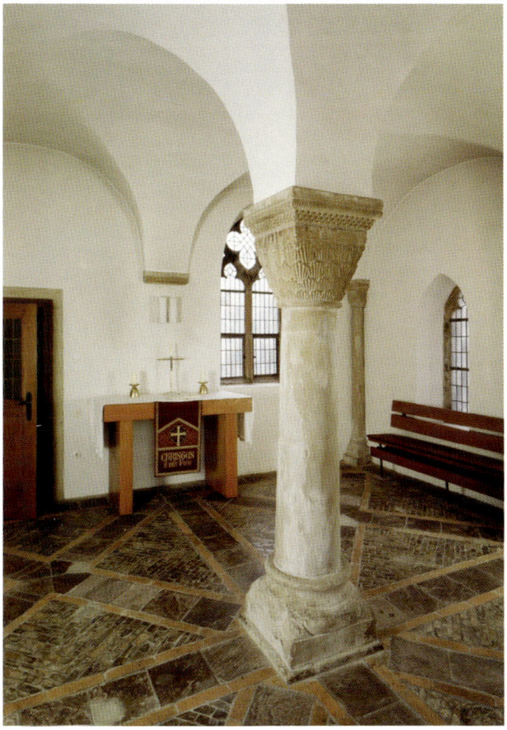

Abdinghofkirche: *Innenansicht der Abtkapelle nach Südosten.*

neu erbauten Abtsresidenz durch einen hoch gelegenen Flur verbunden.

Nach Aufhebung des Klosters 1803 waren die profanierte Basilika und ihre Klausuranlage längere Zeit missbräuchlich als Kaserne, Magazin und Stall genutzt worden. Dem machte erst die 1866 erfolgte Übertragung an die evangelische Gemeinde ein Ende. Angesichts des gegenwärtigen, nüchtern-herben Gesamteindrucks des Kircheninneren – Resultat neuzeitlicher Zerstörungen, bewusster Rückbauten und radikaler Restaurierungen – hat man Mühe, sich die verlorene liturgische Ausstattung des Hochmittelalters in ihrer ganzen Pracht vorzustellen. Schriftquellen berichten namentlich von einem vergoldeten Triumphkreuz, 1090 durch Bischof Heinrich II. von Werl gestiftet, sowie dem gleichfalls goldverkleideten Antependium des Hochaltars als Geschenk des Klosterstifters Meinwerk. Seine Lebensbeschreibung erwähnt außerdem in Ostchor und Mittelschiff je einen Radleuchter unterschiedlicher Größe aus Silber als Träger von 12 bzw. 72 Kerzen, entsprechend der Apostel- und Jüngerzahl Christi.

Die ehemalige Kanoniker-Stiftskirche St. Petrus und Andreas (Busdorfkirche)

Während Bischof Meinwerks Abdinghofkirche deutliche Rombezüge zu erkennen gab, orientierte sich das erst kurz vor seinem Tode 1036 begonnene Gotteshaus des Chorherrenstiftes St. Peter und Andreas – der östliche Arm des von ihm geplanten Paderborner Kirchenkreuzes – am Vorbild der Kirche des Heiligen Grabes in Jerusalem (*ad similitudinem sanctae Ierosolimitanae ecclesiae*). Dorthin reiste 1033–35 stellvertretend für den Gründer eigens der Abt Wino von Helmarshausen, um außer Reliquien auch Informationen über ihre Baugestalt zu beschaffen. Allerdings war zu diesem Zeitpunkt die von Kaiser Konstantin dem Großen im 4. Jahrhundert über dem Felsengrab Jesu errichtete Rotunde nach 1009 erfolgter Zerstörung durch die Araber noch im Wiederaufbau begriffen. Dennoch konnte Meinwerks Abgesandter sicherlich die ihm wesentlich erscheinenden Eigenschaften des frühchristlichen Vorbildes feststellen und nach Hause übermitteln. Zudem dürfte man in Paderborn andere damals bereits nördlich der Alpen existierende Nachbildungen der Jerusalemer Grabeskirche gekannt haben, so den St. Mauritius geweihten Zentralbau aus dem 10. Jahrhundert neben dem Konstanzer Münster. Von fast identischer Gestalt erwiesen sich nämlich die Fundamente der Meinwerkschen Stiftung, deren provisorische Weihe nur wenige Tage vor seinem Tode im Beisein Kaiser Konrads II. und mehrerer Bischöfe erfolgte. Grundmauern des bei diesem Festakt zweifellos unfertigen Bauwerks traten bei 1935 vorgenommenen Ausgrabungen zutage. Demnach handelte es sich um einen kreisförmigen Kernbau von etwa 13 m lichtem Durchmesser, dem in allen vier Himmelrichtungen annähernd quadratische Flügel angefügt waren. Der westliche Annex, flankiert von

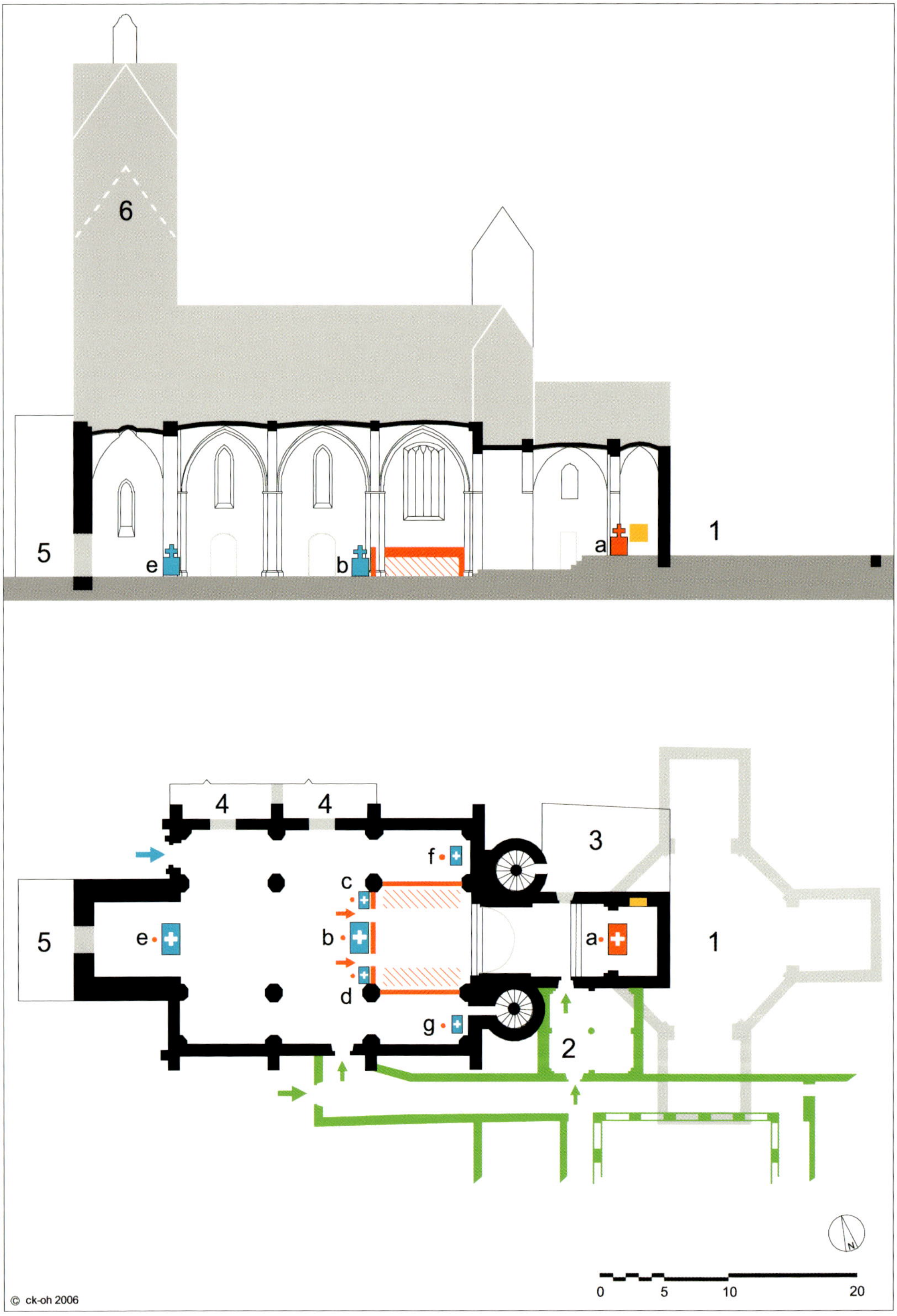
6
5
e
b
a
1
4
4
3
f
c
e
b
a
1
5
d
g
2
0
5
10
20
© ck-oh 2006

▷ ***Busdorfkirche:*** *Die Ostteile der gotischen Hallenkirche (unten). Im Grundriss sind die aus dem salischen Vorgängerbau übernommenen Seitenwände des Sanktuariums und die nunmehrigen Chorflankentürme markiert (Schraffur). Dazu ergänzter Grabungsplan der daran anschließenden Kopie der Jerusalemer Hl. Grabrotunde, errichtet von den Bischöfen Meinwerk und Imad (Weihen 1036 und 1068). Darüber maßstabgleiche Rekonstruktion (Grundriss und Längsschnitt) des im 12. Jahrhundert größtenteils niedergelegten, ursprünglich freistehenden Zentralbaus mit kreuzförmigen Annexen.*

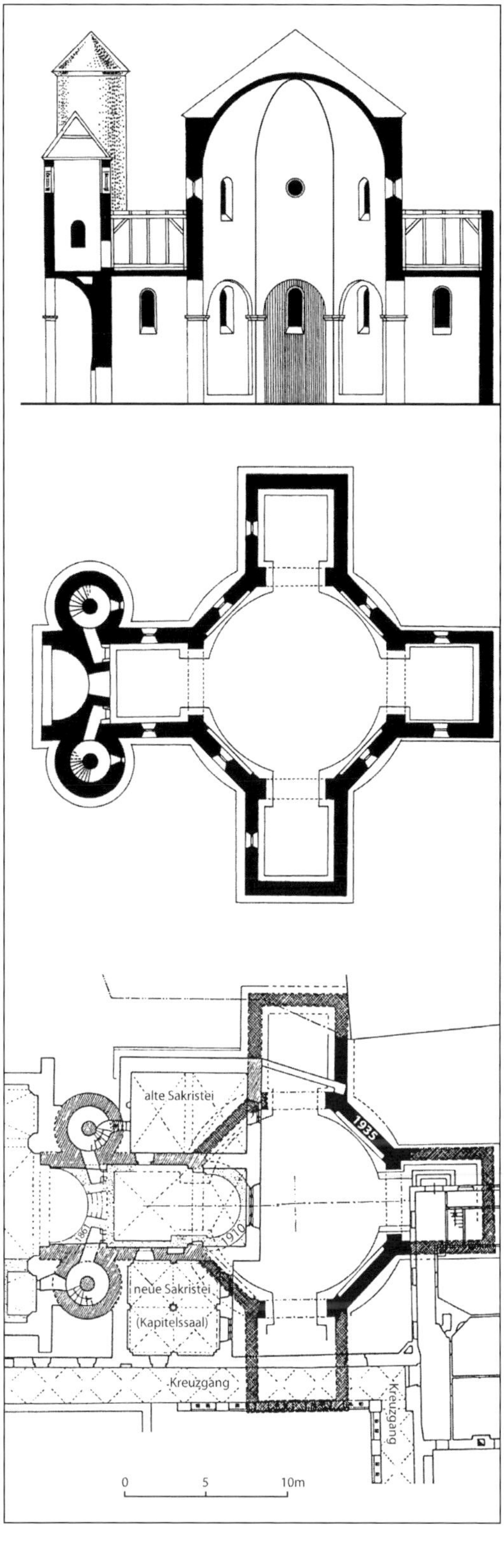

runden Treppentürmen, steht noch teilweise aufrecht und bildet die seitlichen Umfassungsmauern des Sanktuariums der heutigen dreischiffigen Hallenkirche. Sie wurde im späten 13. Jahrhundert weiter westlich erbaut, und zwar als Nachfolgerin einer romanischen Basilika, die man zunächst Bischof Imad (1051–76) zuschreiben wollte. Von ihr ließen sich lediglich Fundamentreste einer rechteckig ummantelten Seitenschiffapsis aufdecken. Wahrscheinlicher ist ein durch dendrochronologische Daten gestützter Deutungsvorschlag, wonach Imad die unvollendet gebliebene und wohl auch beim Stadtbrand von 1058 beschädigte Rotunde seines Onkels mit leicht abgewandelter, im Kern nunmehr achteckiger Grundrissform fertig stellte und 1068 weihte. Spätestens um die Mitte des 12. Jahrhunderts hat man das mit kreuzförmigen Armen versehene Oktogon bis auf die erwähnten Teile niedergelegt. Zuvor konnte Bischof Heinrich II. von Werl (1084–1127) mit der gleichfalls an Jerusalem erinnernden Krukenburgkapelle bei Helmarshausen noch eine weitgehend exakte, zweifel-

◁ ***Busdorfkirche:*** *Erdgeschossgrundriss, darüber Längsschnitt. a. Östlicher Hochaltar: St. Petrus und Andreas b. Kreuzaltar axial vor dem Lettner c. Nördlicher Lettneraltar (Patrozinium ungesichert) d. Südlicher Lettneraltar (Patrozinium ungesichert) e. Altar des „Niederen Chores" unter dem Westturm: St. Jakobus f. Altar des nördlichen Seitenschiffs: St. Maria g. Altar des südlichen Seitenschiffs: St. Michael 1. Zentralbau begonnen von Bischof Meinwerk kurz vor seinem Tode 1036, vollendet durch Bischof Imad im 3. Viertel des 11. Jahrhunderts, niedergelegt vor der Mitte des 12. Jahrhunderts 2. spätgotischer Kapitelsaal 3. Marien- und Fronleichnamskapelle mit Sakristei und Archivkammer im Obergeschoss, neugebaut 1473 4. Spätgotische Nebenkapellen am nördlichen Seitenschiff mit Totenleuchten zum benachbarten Stiftsfriedhof 5. Barocke Vorhalle und Portaldurchbruch zu dem im 17. Jahrhundert aufgelassenen Westchor 6. Höhe des romanischen Westturmes, aufgestockt im 15. Jahrhundert.*

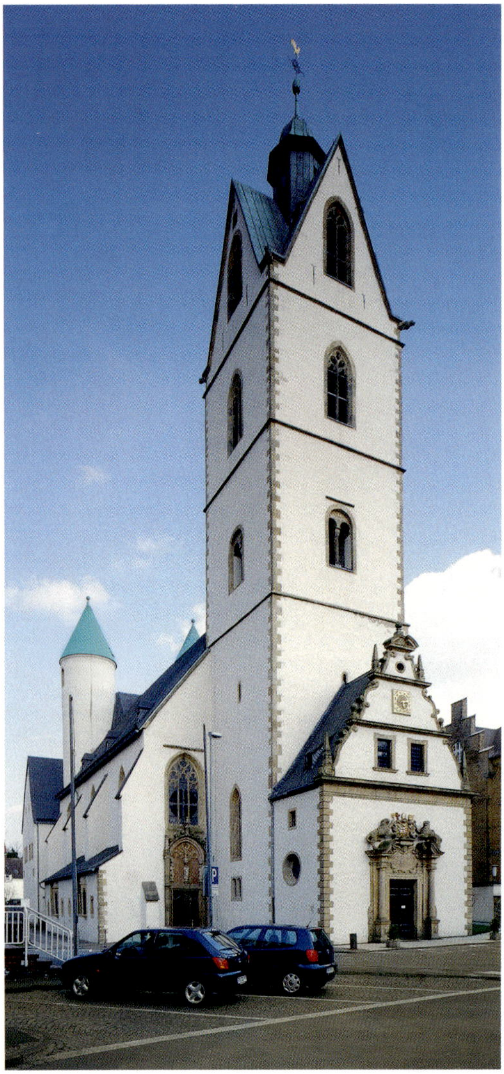

***Busdorfkirche:** Außenansicht von Nordwesten. Vor Anfügung der Eingangshalle im 17. Jahrhundert war das Untergeschoss des Westturmes ein Gegenchor ohne Portal. Die heutige Form des Turmdaches stammt von 1630.*

los auf Augenschein beruhende Kopie des salischen Paderborner Zentralbaus errichten. Dadurch berief er sich – ebenso wie bei der Stiftung eines kostbaren Tragaltars für den Dom mit programmatischen Bildmotiven (siehe den rückwärtigen Umschlag) – in den Auseinandersetzungen des Investiturstreites bewusst auf die Autorität seines allgemein anerkannten Amtsvorgängers Meinwerk.

Die jetzige Busdorfkirche ist weitgehend ein Neubau, vollendet um 1300, nach Brandzerstörung der voraufgegangenen Basilika im letzten Viertel des 13. Jahrhunderts. Nunmehr trat die Jerusalem-Symbolik gänzlich in den Hintergrund, worauf schon eine unterdessen in den Urkunden längst übliche Umbenennung (wohl nach einem Flur- oder Personennamen *Bosdinctorpe*) hindeutet. Auch das 1036 noch zu Lebzeiten Meinwerks entstandene Heilige Grab mit zugehörigem Altar wird seither nicht mehr erwähnt. Das lichterfüllte gotische Hallenlanghaus besteht aus drei Jochen, deren Kreuzgratgewölbe auf kompakten achteckigen Pfeilern ruhen. Ältere Bausubstanz wurde lediglich einbezogen im Sanktuarium und durch Übernahme des romanischen Westturmes. Dessen zum Mittelschiff in voller Höhe geöffnetes Untergeschoss bildete ursprünglich wie beim Dom einen westlichen Gegenchor (siehe S. 16): Ausgestattet mit (zunächst nur einem) Altar, doch ohne Abschrankung und Gestühl. Erst in Zusammenhang mit der Anfügung einer axialen Vorhalle 1667 hat man ihn aufgelassen und stattdessen ein Portal in die vordere Turmwand eingebrochen. Der mittelalterliche Zugang für Laien befand sich hingegen von Anfang an in der westlichen Stirnseite des nördlichen Seitenschiffs. Seine heutige Gestalt mit Skulpturen Marias und der Stiftspatrone erhielt das Apostelportal jedoch erst im frühen 15. Jahrhundert. Wo die älteste Klausuranlage des Kanonikerkonvents lag, blieb bislang ungeklärt. Das spätromanische Kreuzganggeviert ist weit nach Südosten hinausgerückt und überschneidet im Grundriss einen Flügel des salischen Zentralbaus, kann also erst nach dessen Abbruch an diesen Platz verlegt worden sein. In die Kirche gelangten Konventangehörige über einen Verbindungsflur vom Kreuzgang zum südlichen Seitenschiffportal. Später gab es noch die ungewöhnliche Möglichkeit, durch den zwischen Chorhaus und Nordgalerie eingefügten gotischen Kapitelsaal (die heutige Sakristei) direkt das Sanktuarium zu betreten. Der Kreuzgang war ehemals wohl auf drei Seiten von Gebäuden umgeben, die den architektonischen Rahmen für die *vita communis* der zwölf Kanoniker bildeten. Allerdings sind erste Einzelkurien für bestimmte Dignitäre des Stifts, wie der stets zugleich auch dem Domkapitel

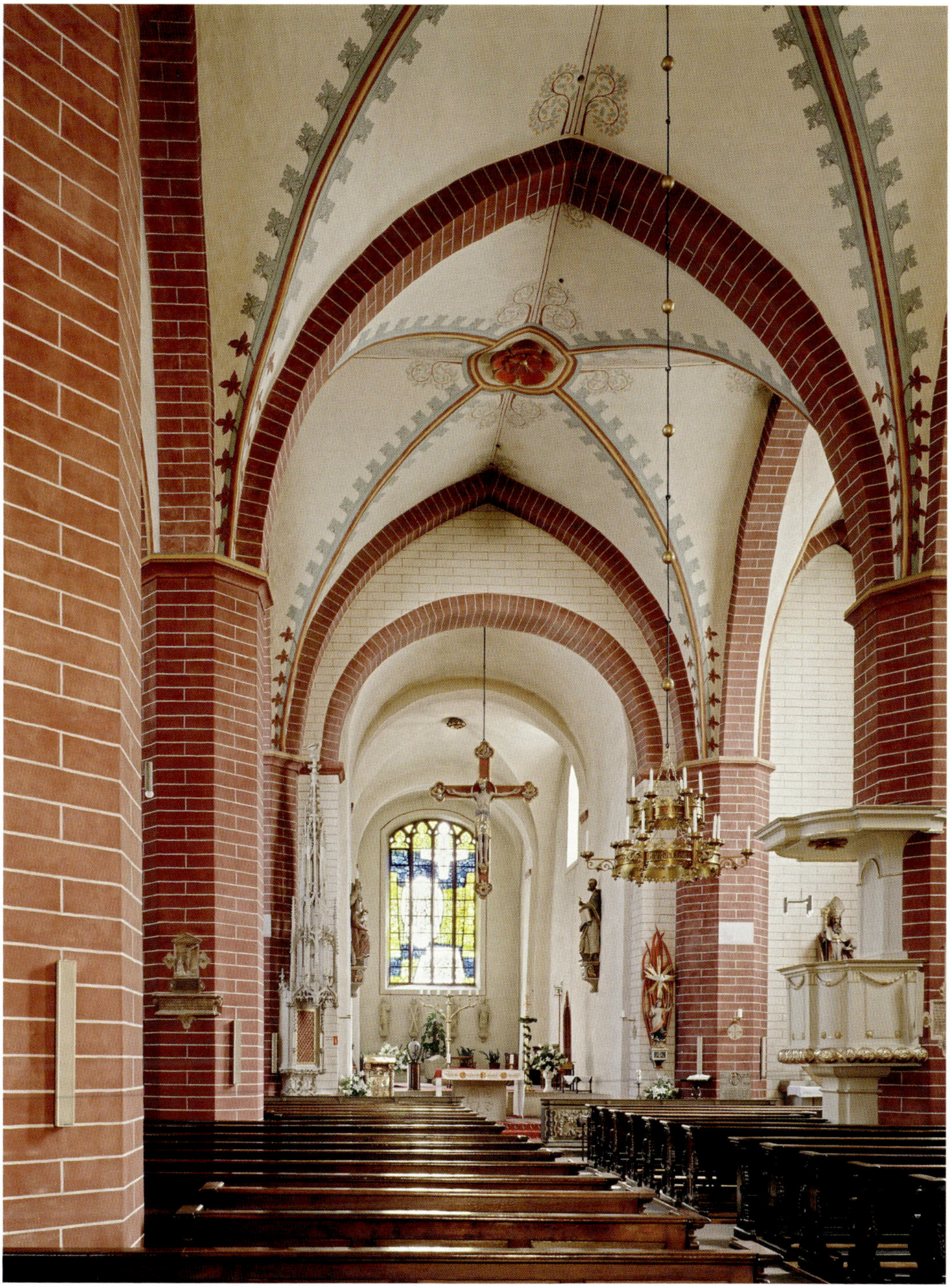

Busdorfkirche: *Innenansicht der gotischen Hallenkirche nach Osten. Von den Längswänden des Sanktuariums gehörten die wohl im 12. Jahrhundert tonnen- und kreuzgratgewölbten Abschnitte als westlicher Kreuzarm ursprünglich zu dem durch Bischof Imad 1068 geweihten Zentralbau. In der südlichen (rechten) Sanktuariumswand spätmittelalterlicher Türdurchbruch in den ehemaligen Kapitelsaal (heute Sakristei).*

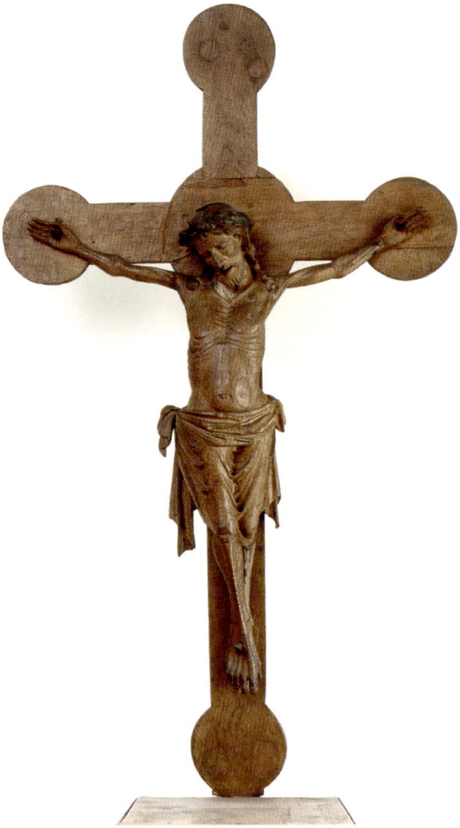

***Busdorfkirche:** Monumentales Holzkreuz des ausgehenden 13. Jahrhunderts. Es hing wahrscheinlich als Triumphkreuz früher über dem Kreuzaltar vom Gewölbe herab (heute in der Sakristei).*

angehörende Propst und der Dechant als geistlicher Vorgesetzter, schon seit Beginn des 12. Jahrhunderts nachgewiesen. Im späteren Mittelalter bezogen schließlich auch die übrigen Chorherren separate Wohnungen und nutzten die Klausurräume nur noch zu besonderen Anlässen. Stattdessen wurden hier nun mit sogenannten Knabenpräbenden dotierte Stiftsschüler untergebracht und offenbar auch die Mehrzahl der bis zu zwanzig Vikare und Benefiziaten. Sie hatten als Hilfsgeistliche den Gottesdienst am Hochaltar sowie an den (im 17. Jahrhundert zehn) Nebenaltären zu vollziehen und waren für die Seelsorge zuständig. Von den nur ausnahmsweise adeligen Kanonikern wurden lediglich die niederen Weihen verlangt. Ihre liturgische Hauptaufgabe bestand im Stundengebet, das sie verteilt auf sieben Tageszeiten gemeinsam im Chorgestühl verrichteten. Davon haben sich nach Auflösung des Stifts 1810 keine Überreste erhalten, doch bezeugen historische Pläne seine Aufstellung im östlichen der drei Mittelschiffjoche des Langhauses. Übermannshohe Schranken trennten den 1861 beseitigten Kapitelchor vom Laienraum. Mittig vor dem Lettner stand wie üblich der Kreuzaltar für den Pfarrgottesdienst, flankiert von zwei weiteren Nebenaltären. Darüber war ein Triumphkreuz angebracht, das wir mit dem um 1280 aus Eichenholz geschnitzten und heute in der Sakristei verwahrten Monumentalkruzifix identifizieren können. Durch seine Erweiterung um ein gerade schließendes Halbjoch nach Osten erhielt das Sanktuarium ungewöhnlich langgestreckte Proportionen. Vielleicht kann man auf erhöhten Platzbedarf für Angehörige des Kathedralkapitels schließen, das seit der Meinwerkzeit traditionell zum „Niederen Dom“ *(ecclesia minor)* enge Bindungen pflegte. An

***Busdorfkirche:** Vergitterter Wandtabernakel vom Ende des 13. Jahrhunderts an der Nordseite des Sanktuariums.*

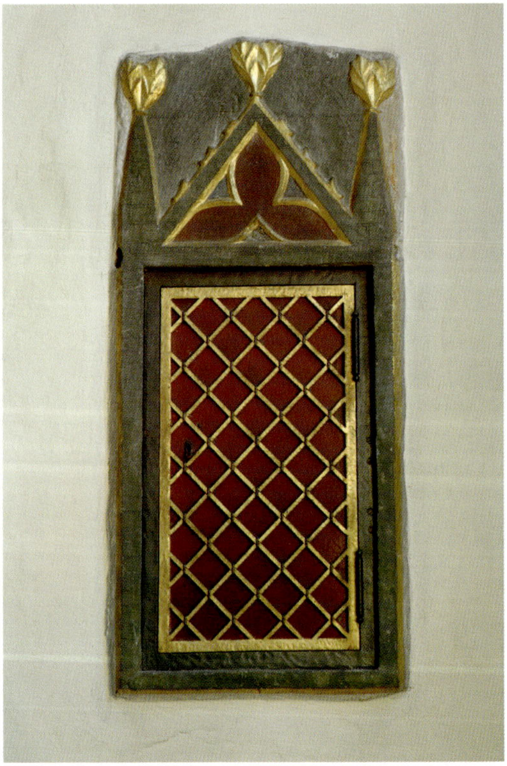

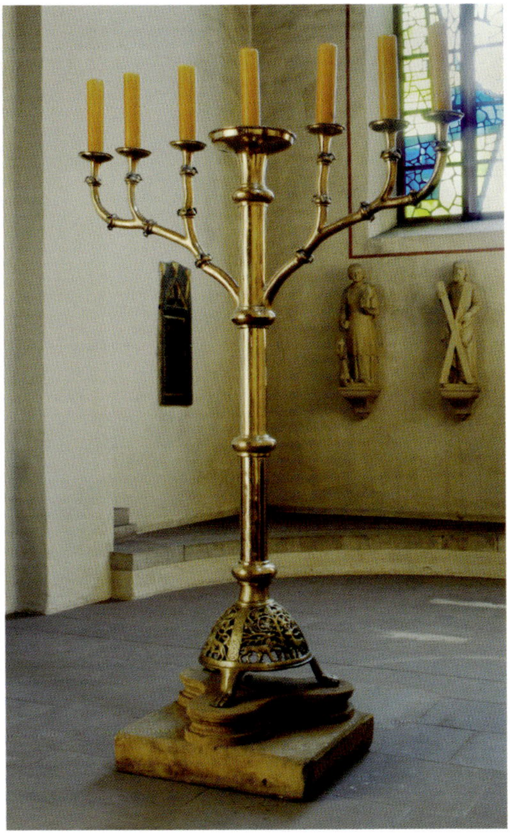

Busdorfkirche: *Siebenarmiger Leuchter, entstanden um 1300. Heute im Sanktuarium hinter dem modernen Zelebrationsaltar, sein ursprünglicher Aufstellungsort ist unbekannt. Im Hintergrund der unveränderte gotische Wandtabernakel (siehe S. 42)*

bestimmten Feiertagen des Kirchenjahres zogen nämlich die Domkleriker prozessionsweise aus der Bischofsburg hinüber ins benachbarte zweite Kanonikerstift der Stadt und feierten dort als Gäste die Liturgie mit. Auf der Nordseite schräg hinter dem Hochaltar der Busdorfkirche ist baueinheitlich ein vergitterter Tabernakel in die Außenwand eingelassen. Zur alten Chorausstattung der Zeit um 1300 dürfte ferner ein siebenarmiger Messingleuchter von 215 cm Höhe gehören, der an sein Vorbild im Jerusalemer Tempel erinnert. Im Mittelschiff (*in medio ecclesiae*) hing damals ein großer Radleuchter vom Gewölbe herab. Eine Orgel wird 1331 erwähnt. Weitere Teile des liturgischen Mobiliars (unter anderem Sakramentshaus und Taufstein) sind jüngeren Datums oder stammen ursprünglich nicht aus der Busdorfkirche. Von 1817–71 Simultankirche, wird das Gotteshaus seither von der katholischen Pfarrgemeinde genutzt.

Die Pfarrkirche und ehemalige Zisterzienser-Nonnenkirche St. Ulrich, Johannes Baptist und Maria (Gaukirche)

Auf der Südseite des Domes, von ihm getrennt durch den bis 1810 genutzten großen Friedhof (*cimeterium magnum*), erhebt sich die 1183 erstmals urkundlich erwähnte Hauptpfarrkirche Paderborns. Der Name *ecclesia rurensis* nimmt Bezug auf ihr großes ländliches Einzugsgebiet jenseits der Wehrmauern. Zunächst hatte außerdem nur noch das Busdorfstift seelsorgliche Aufgaben in Stadt und Umgebung zu erfüllen. 1231 kam es schließlich zur Neuaufteilung der Gemeindebezirke zwischen diesen beiden Institutionen sowie je einer weiteren Pfarrei am Westchor des Domes (siehe S. 20) und an der Marktkirche. Gleichzeitig wurde die Ulrichkirche mitsamt ihrer Laiengemeinde vom bisher als Patronatsherr zuständigen Dompropst einem neu gegründeten Zisterzienserinnenkloster übertragen. Dessen kurz zuvor aus Münster berufene Nonnen hatten sich anfangs bei einem Johannes dem Täufer geweihten Hospital am Westerntor niedergelassen. Die Ansiedlung eines nach den Statuten dieses Ordens lebenden Frauenkonvents innerhalb der Meinwerkschen Domimmunität ging auf Bischof Bernhard IV. zur Lippe (1228–47) zurück, Sohn jenes bekannten gleichnamigen Edelherren, der 1185 zu den Gründern der Zisterzienserabtei Marienfeld zählte, später selbst dort Mönch wurde und 1224 als Missionsbischof im Baltikum starb. Mit einer Konventstärke von ungefähr 40 Chor- und Laienschwestern ist zu rechnen, bis im 15. Jahrhundert die Obergrenze bei 26 Mitgliedern festgelegt wurde. Hinzu kam eine wechselnde Anzahl von

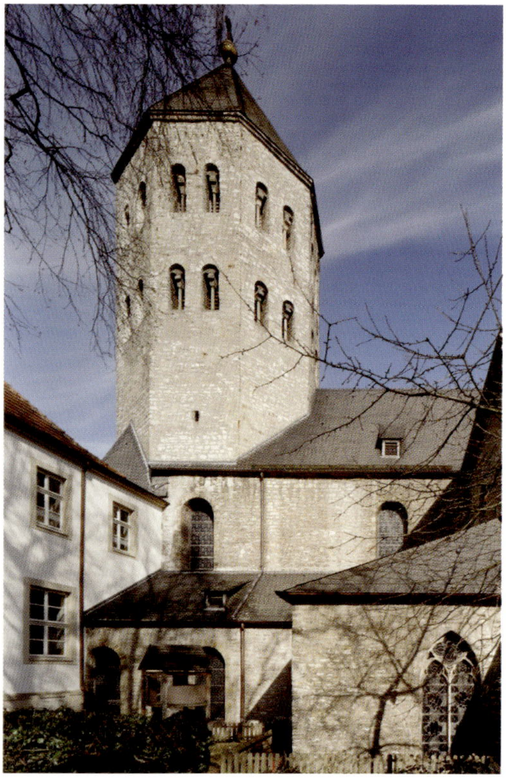

Gaukirche: *Blick von Süden aus dem ehemaligen Kreuzganghof auf das westliche Ende des Kirchenschiffs, überragt vom Achteckturm. Vorn rechts die Ursulakapelle.*

Novizinnen. Die geistliche Betreuung der Frauen lag in den Händen des Gemeindepfarrers von St. Ulrich, der von nun an in Personalunion als Propst auch für die Verwaltung der Klostergüter und damit für die materielle Existenzsicherung der Gemeinschaft verantwortlich war. Seine Ernennung erfolgte durch die Äbtissin. Als Hilfsgeistliche unterstützten ihn etwa zehn Benefiziaten. 1500 wechselten die Nonnen zur Benediktinerregel über und schlossen sich – wie vorher bereits die Mönche von Abdinghof – der Bursfelder Reformbewegung des Ordens an. Seit der Auflösung des Klosters 1810 dient die Kirche wieder ausschließlich dem katholischen Gemeindegottesdienst.

Wenn auch urkundlich nicht belegt, so kann die Erbauungszeit der dreischiffigen Basilika gebundenen Systems nach ihren Stilformen doch um 1170/80 angenommen werden. Charakteristisch für die Sakralarchitektur der Region unter der Stauferherrschaft sind das aus Quadraten zusammengesetzte kurze Langhaus, ausladende östliche Querschiffarme und ein der Abdinghofkirche vergleichbarer kastenförmiger Chor mit geradem Abschluss. Im westlichen der beiden Mittelschiffjoche bemerkt man verstärkte Wände und Pfeiler, die einen mehrgeschossigen Achteckturm mit dem schmucklosen Äußeren seiner stereometrischen Grundform tragen. Dass er sich in dieser Position und nicht über der Vierung erhebt, ist allerdings eine ins Auge fallende Besonderheit. Alle quadratischen Raumteile haben kuppelartig überhöhte Kreuzgratgewölbe, die Seitenschiffe hingegen Längstonnen mit Stichkappen. Erhalten blieb dies nur auf der Südseite, während das nördliche Nebenschiff im Spätmittelalter nachträglich aufgestockt wurde und so der Eindruck einer Hallenkirche entstand. Im 19. Jahrhundert hat man dann die beiden ausgebrochenen Zwischenpfeiler erneuert und in halber Höhe eine Empore eingebaut, die sich mit großen Rundbögen ins Mittelschiff öffnet und heute als Orgelbühne dient. Wo der 1441 erstmals bezeugte mittelalterliche Vorgänger des Instruments aufgestellt war, ist unbekannt. Neuzeitlich verändert wirken gleichfalls die Durchgänge zur gotischen Jodokuskapelle (jetzt Hl. Kreuz) im Winkel von Chor und Nordquerarm. Davon dürfte die Verbindungsöffnung ins angrenzende Sanktuarium gänzlich jüngeren Datums sein. Sie passt sich allerdings geschickt einer der gekuppelten Blendarkaden an, die als dreiseitiges Wandrelief den Ort des Hochaltars architektonisch hervorheben.

Die einstige Doppelfunktion des Gotteshauses als Konvent- und Pfarrkirche erschließt sich dem heutigen Besucher nicht mehr auf den ersten Blick. Noch am Bauwerk vorhandene Spuren er-

Gaukirche: *Erdgeschossgrundriss, darüber Längsschnitt. In der Vignette Grundriss-Ausschnitt des südlichen Querschiffarms auf Höhe der früheren Nonnenempore a. Hochaltar: St. Ulrich b. Altar der Nonnenempore: wahrscheinlich St. Maria und Johannes Baptist c. Pfarraltar: St. Johannes Evangelist d. Altar der Ursulakapelle e. Altar der Jodokuskapelle (heute Hl. Kreuzkapelle) 1. Nonnenempore im südlichen Querschiffarm 2. Jodokuskapelle (heute Hl. Kreuzkapelle) 3. Ursulakapelle mit Thronsitz der Äbtissin 4. Barocke Westvorhalle.* ▷

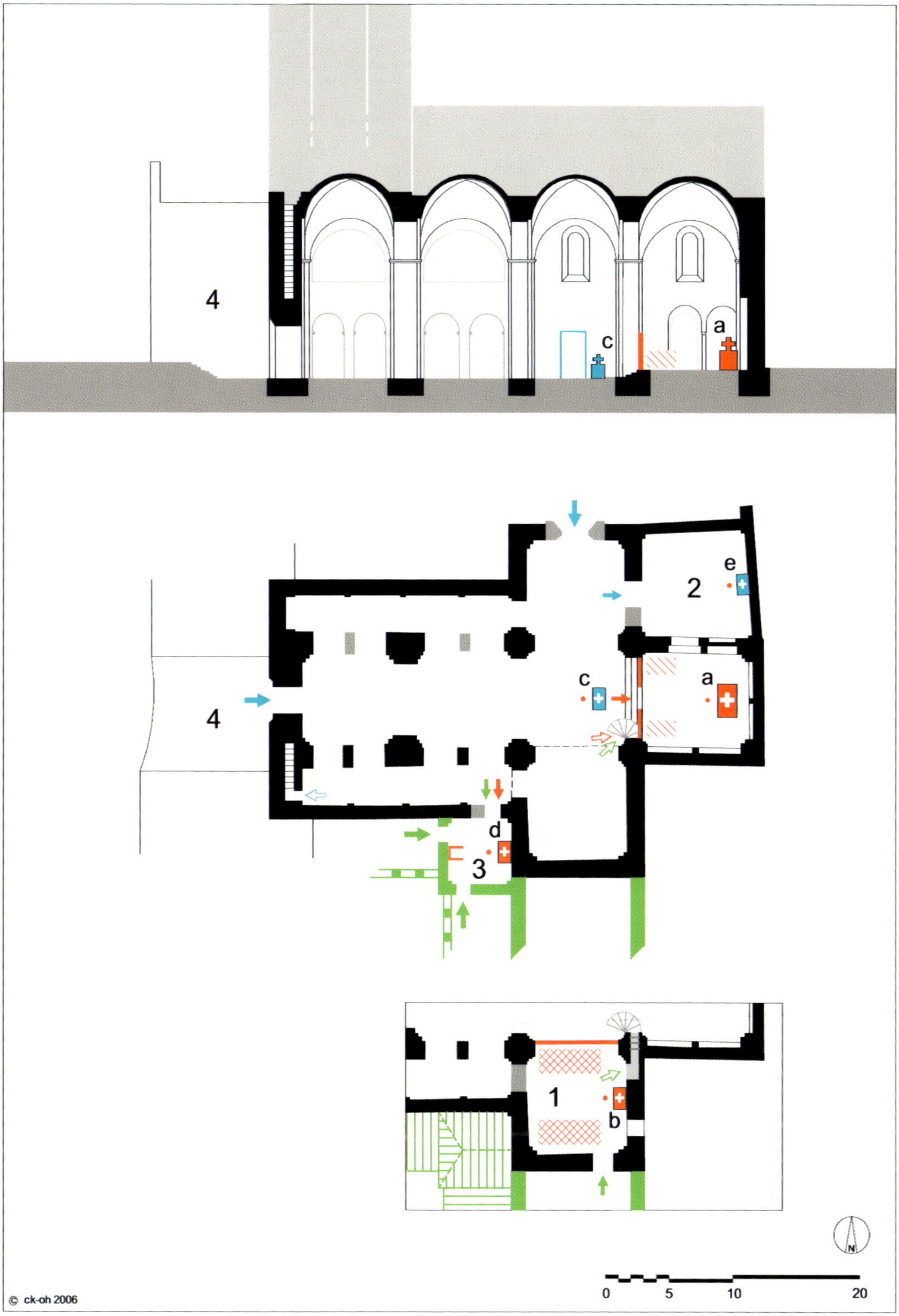
4
c
a
2
e
3
d
1
b
N
0
5
10
20

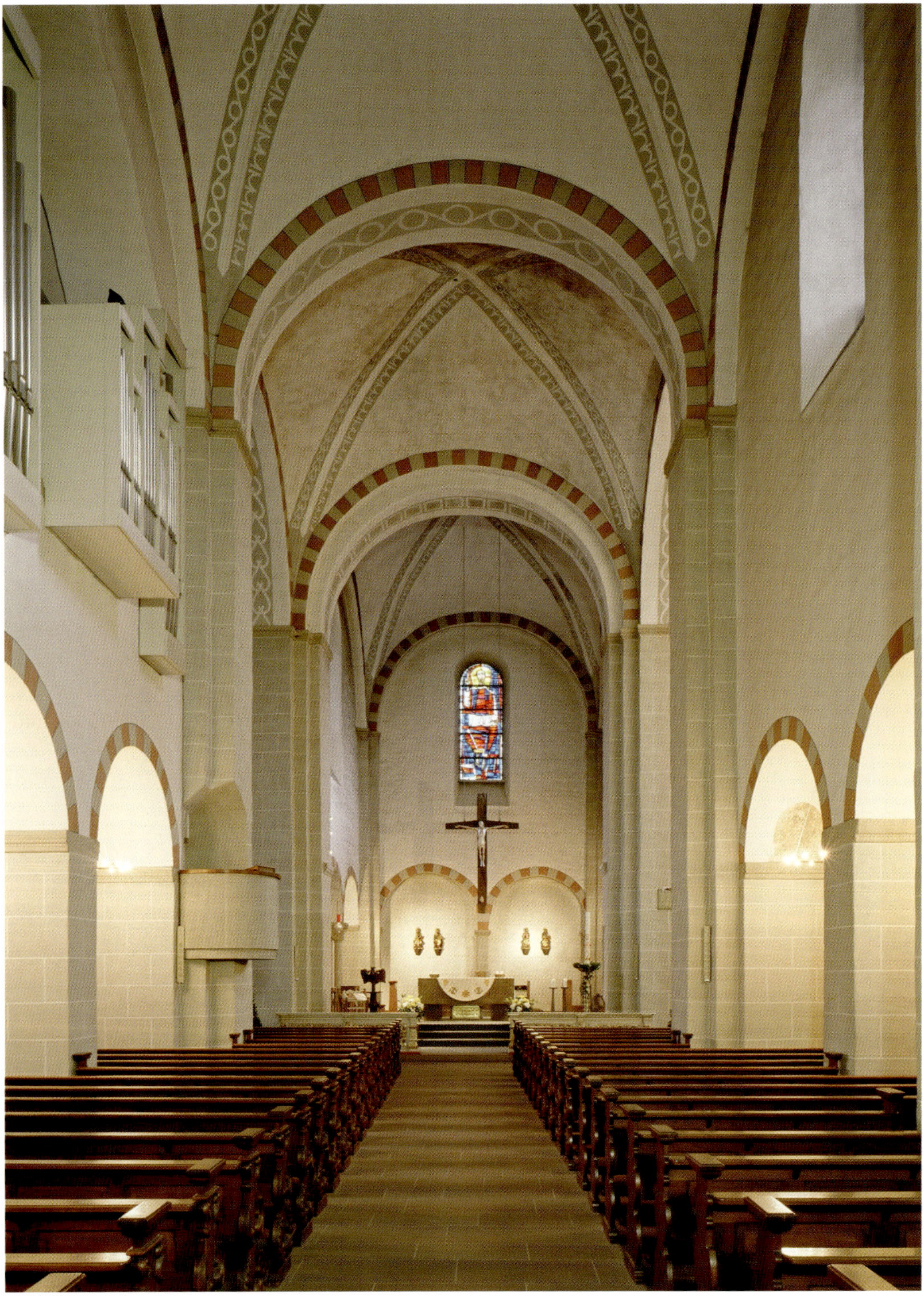

Gaukirche: *Blick vom Westjoch des Mittelschiffs nach Osten. Früher verstellte eine Querschranke unter dem östlichen Vierungsbogen teilweise die Sicht auf das Sanktuarium. Davor stand der Pfarraltar, geweiht St. Johannes Evangelist.*

lauben jedoch eine gedankliche Rekonstruktion der früheren Verhältnisse. Haupteingang für Laien von der Marktseite her war das rundbogige Stufenportal mitten in der Westfassade, zurückhaltend verziert mit Ecksäulen, Palmetten-Ringband-Kapitellen und umlaufendem Wulst. Seine 1746–49 erbaute Eingangshalle, eingebunden in die Front der etwa gleichalten Nachbarhäuser, ersetzte wahrscheinlich einen mittelalterlichen Vorraum. Konventfremde Personen konnten ferner durch die zum Friedhof führende Pforte in der Stirnwand des nördlichen Querschiffarmes eintreten. Ihre Rahmung ist später barock verändert und im 19. Jahrhundert in neoromanischen Formen neugestaltet worden. Hingegen gruppierten sich an der Südseite die Gemeinschaftsräume der Nonnen um einen kleinen rechteckigen Kreuzganghof. Von Gestalt und Ausdehnung der ursprünglichen Klausuranlage ist nach weitgehenden Um- und Neubauten in den Jahren 1743–52 sowie beträchtlichen Zerstörungen des Zweiten Weltkrieges trotz einer archäologischen Schürfung keine klare Vorstellung mehr zu gewinnen. Als einziger Überrest steht noch die gotische Ursulakapelle in der Nordostecke des Gevierts aufrecht. Jetzt vermauerte spitzbogige Türen in ihrer Süd- und Westwand verbanden den quadratischen Raum mit dem ehemals anschließenden Nord- und Ostflügel des Kreuzgangs. Auf dem Altar dieses Oratoriums legte die Äbtissin den Amtseid ab, dort nahm sie auf ihrem Thronsitz auch die Huldigung eines neu ernannten Propstes entgegen. Gesichert ist ferner die Lage des östlichen Klausurtraktes. Er stieß seit dem 13. Jahrhundert vor die südliche Stirnwand des Querschiffes. In seinem Obergeschoss befand sich der gemeinschaftliche Schlafsaal der Nonnen. Eine heute zugesetzte Tür führte vom Dormitorium auf eine Empore, die als hölzerner Einbau den südlichen Querschiffarm vollständig ausfüllte. Hier stand das Chorgestühl des Frauenkonvents in zwei parallelen Bankreihen vor einem eigenen Altar an der Ostwand. Zisterziensischer Tradition entsprechend war er mit hoher Wahrscheinlichkeit der Gottesmutter geweiht und zusätzlich dem heiligen Johannes Baptist, wie bereits die vorausgegangene Hospitalgründung. Dadurch hatten die Ordensfrauen für Messfeiern und Stundengebet einen abgesonderten Teil der Kirche

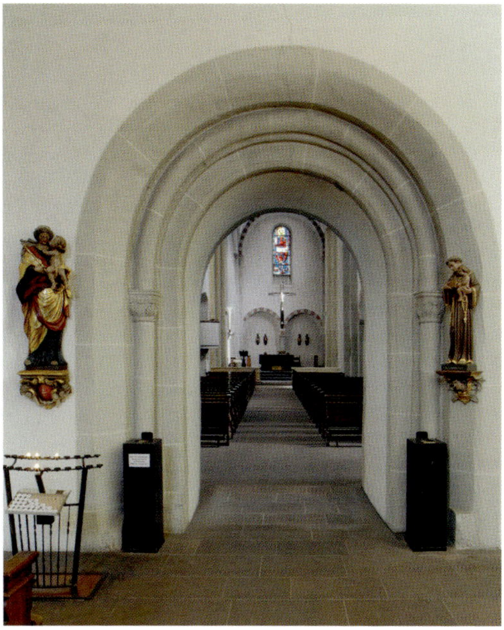

Gaukirche: *Blick aus der barocken Vorhalle durch das romanische Westportal ins Innere des Gotteshauses.*

zu ihrer ausschließlichen Verfügung, der aus dem ebenerdigen Laienbereich in Langhaus und Nordquerschiff nicht einsehbar war. Hingegen blieb vom Nonnenchor aus – zumindest akustisch – ebenso Anteilnahme möglich bei feierlichen Hochämtern am Hauptaltar wie während des Pfarrgottesdienstes, der am Altar des heiligen Johannes Evangelist in der Vierung stattfand. Die gleichermaßen zu gemeinschaftlichem Gebet verpflichtete Gruppe der Benefiziaten nahm dabei Chorbänke im gewiss durch Schranken abgesonderten Sanktuarium ein. Nach Abbruch der Nonnenempore im 19. Jahrhundert vermauerte man auch eine Wandtreppe, die zu bestimmten Anlässen als Verbindung zwischen den beiden absichtsvoll voneinander getrennten Ebenen diente. So konnte sich der am Hoch- oder Pfarraltar zelebrierende Priester einst mit dem Messkelch ohne Umweg durch die Klausur – wo er im Übrigen auch nicht zutrittsberechtigt war – zum Frauenchor hinaufbegeben und den in ihrem Gestühl versammelten Konventualinnen die Kommunion reichen. Umgekehrt waren jene in der Lage, zur Teilnahme an liturgischen Handlungen (beispiels-

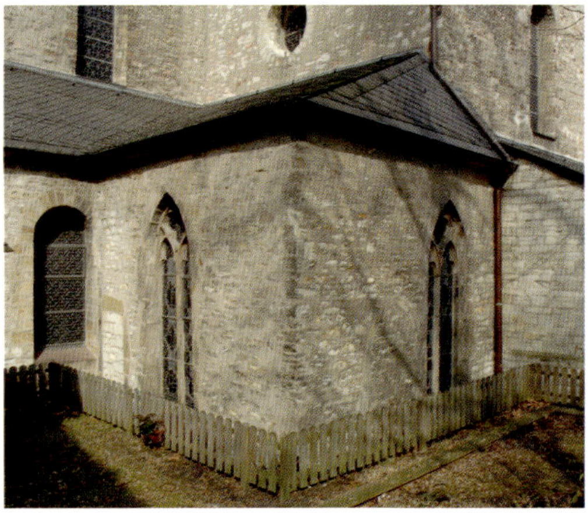

***Gaukirche:** Außenansicht der Ursulakapelle im Winkel von Kirchenschiff und Südquerarm. Zwei vermauerte Türen neben den gotischen Maßwerkfenstern sind alte Durchgänge in die ehemals anschließenden Kreuzgangflügel.*

weise Prozessionen durch Kirche und Kreuzgang) von dort direkt in den ebenerdigen Teil des Gotteshauses hinabzusteigen. Das Vorbild für diese sinnreiche Raumdisposition bildeten ebenfalls unmittelbar mit dem Dormitorium verbundene Querschiffemporen zahlreicher westfälischer Frauenstiftskirchen aus hochmittelalterlicher Zeit: erhalten in Herford und Neuenheerse, nachgewiesen unter anderem in Meschede und Freckenhorst. Ob die offenkundige formale Ähnlichkeit hoch gelegener Nonnenchöre mit repräsentativen Westbau-Obergeschossen (siehe S. 13, 36) auf gemeinsame typengeschichtliche Wurzeln schließen lässt, ist noch nicht hinreichend erforscht.

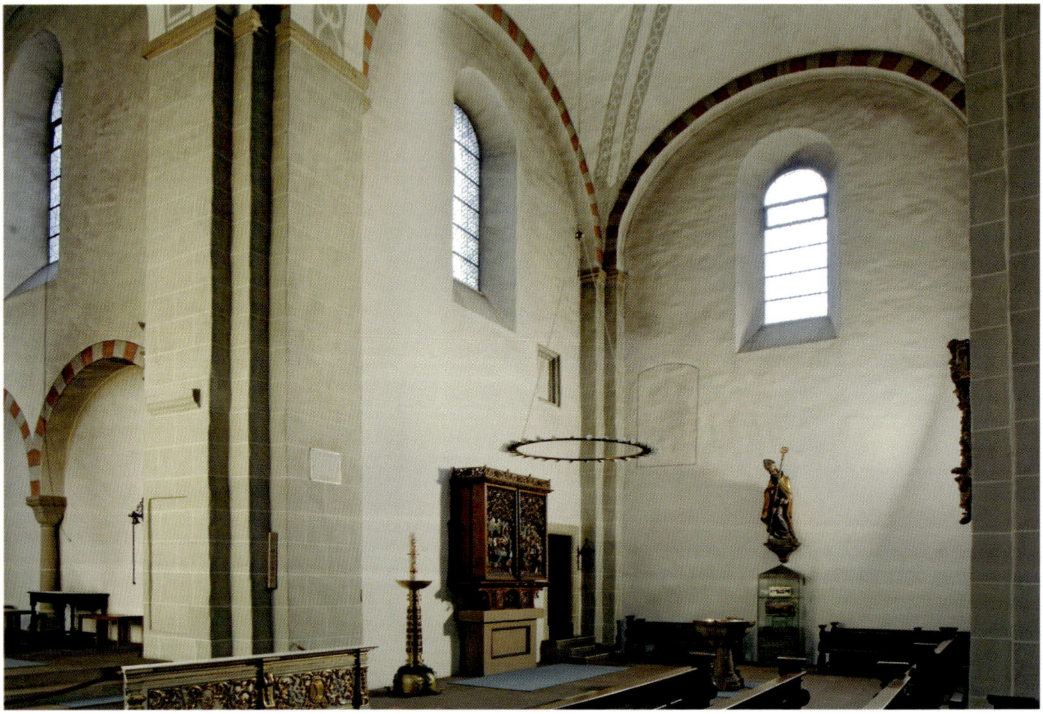

***Gaukirche:** Innenansicht des südlichen Querschiffarmes, wo seit dem 13. Jahrhundert eine hölzerne Empore als hochgelegener Chor für das Gestühl der Ordensfrauen eingefügt war (entfernt nach 1812). Sie konnte vom Schlafsaal des Konvents im Obergeschoss des südlich angrenzenden Klausurtraktes direkt erreicht werden. Die jetzt vermauerte Dormitoriumtür ist als Umrisslinie durch Einritzung in den Wandputz kenntlich gemacht. Nach Osten auf den Klosterfriedhof blickte man vom Nonnenchor durch ein rechteckiges Fenster mit profiliertem Rahmen. Den Aufstieg zur Empore von der Vierung aus ermöglichte eine heute beseitigte Treppe in der Mauerstärke, deren unterer Zugang sich noch als rechteckige Vertiefung im südöstlichen Vierungspfeiler (am linken Bildrand) abzeichnet.*

Literaturhinweise

Abkürzungen:
ANK Alte und Neue Kunst im Erzbistum Paderborn
WK Westfälisches Klosterbuch. Lexikon der vor 1815 errichteten Stifte und Klöster von ihrer Gründung bis zur Aufhebung. Teil 2. Hg. v. Karl Hengst (= Veröffentlichungen der Historischen Kommission für Westfalen XLIV; Quellen u. Forschungen zur Kirchen- u. Religionsgeschichte Bd. 2), Münster 1994
WZ Westfälische Zeitschrift (zuvor: Zeitschrift für Vaterländische Geschichte u. Altertumskunde)

Zur allgemeinen Einführung in das Thema der Wechselbeziehungen zwischen Architektur und Liturgie während des Mittelalters eignet sich gut der Sammelband:
Heiliger Raum. Architektur, Kunst und Liturgie in mittelalterlichen Kathedralen und Stiftskirchen. Hg. v. Franz Kohlschein u. Peter Wünsche (= Liturgiewissenschaftliche Quellen u. Forschungen Bd. 82), Münster 1998. Er enthält auch eine ausführliche Bibliographie (S. 243–377), mit deren Hilfe weitere Veröffentlichungen zu allen diesbezüglichen Einzelfragen und Objekten bequem auffindbar sind.

Das in diesem Kirchenführer zur Anwendung kommende Verfahren der Umzeichnung und farbigen Markierung von Bauplänen mittelalterlicher Gotteshäuser Paderborns zwecks Rekonstruktion ihrer früheren liturgischen Nutzung wurde entwickelt in Zusammenarbeit mit Ulrich Jacobs (Rheinisches Amt für Denkmalpflege, Pulheim-Brauweiler). Siehe dazu die Erläuterungen von Clemens KOSCH, Zum Projekt einer zeichnerischen Veranschaulichung der sakralen „Binnentopographie" des Hochmittelalters in ehemaligen Konventkirchen Kölns. Methodische Überlegungen am Beispiel von St. Andreas, in: Kölnische Liturgie und ihre Geschichte. Studien zur interdisziplinären Erforschung des Gottesdienstes im Erzbistum Köln. Hg. v. Albert Gerhards u. Andreas Odenthal (= Liturgiewissenschaftliche Quellen u. Forschungen Bd. 87), Münster 2000, S. 127–142. Erprobt wurde es bereits in dem Kirchenführer von Clemens KOSCH, Kölns Romanische Kirchen: Architektur und Liturgie im Hochmittelalter (= Schnell & Steiner, Großer Kunstführer Bd. 207), Regensburg 2000; 2. verb. Aufl. 2005.

Über Entstehung und historische Entwicklung, Regeln und Statuten, Alltagsleben sowie Personalstruktur der verschiedenen Geistlichen Gemeinschaften informieren
Georg SCHWAIGER (Hg.), Mönchtum, Orden, Klöster. Von den Anfängen bis zur Gegenwart. Ein Lexikon (= beck'sche reihe Nr. 1554), München 2003
sowie knapper und in leicht fassbarer Form
Isnard W. FRANK, Lexikon des Mönchtums und der Orden. Stuttgart 2005
(jeweils mit weiterführenden bibliographischen Angaben).

Die folgende Literaturauswahl beschränkt sich auf Veröffentlichungen, die speziell für die Thematik dieses Kirchenführers ausgewertet wurden.

Stadt und Bistum Paderborn im Mittelalter
Alfred COHAUSZ, Die Paderborner Pfarreinteilung von 1231, in: WZ 105, 1955, S. 149–182 – Hans Jürgen BRANDT, Karl HENGST, Die Bischöfe und Erzbischöfe von Paderborn (= Veröffentlichungen zur Geschichte der Mitteldeutschen Kirchenprovinz Bd. 1), Paderborn 1984 – Meinwerk von Paderborn 1009–1036. Ein Bischof in seiner Zeit. Sonderausstellung des Metropolitankapitels... Paderborn 1986; darin die Beiträge von Manfred BALZER, Meinwerk von Paderborn (1009–1036). Ein Bischof in seiner Zeit (S. 11–41); Uwe LOBBEDEY, Die Kirchenbauten Bischof Meinwerks (S. 42–58) – Manfred BALZER, Siedlungsgeschichte und topographische Entwicklung Paderborns im Früh- und Hochmittelalter, in: Stadtkernforschung. Hg. v. Helmut Jäger (= Städteforschung, Reihe A/Bd. 27), Köln u. Wien 1987, S. 103–147 – Gabriele MEIER, Die Bischöfe von Paderborn und ihr Bistum im Hochmittelalter (= Paderborner Theologische Studien Bd. 17), Paderborn 1987 – Matthias BECHER, Die Pfarrverhältnisse in Paderborn bis zur Pfarreinteilung von 1231 und die frühe Entwicklung der Stadt, in: WZ 148, 1998, S. 261–294 – Paderborn: Geschichte der Stadt in ihrer Region. Bd. 1: Das Mittelalter. Bischofsherrschaft und Stadtgemeinde. Hg.v. Jörg Jarnut. Paderborn, 2. Aufl. 1999; darin die Beiträge von Manfred BALZER, Paderborn im frühen Mittelalter (776–1050): Sächsische Siedlung – karolingischer Pfalzort – ottonisch-salische Bischofsstadt (S. 2–118, 475–485); Matthias BECHER, Zwischen Reichspolitik und regionaler Orientierung: Paderborn im Hochmittelalter (1050–1200) (S. 120–196, 486–498); Heinrich SCHOPPMEYER, Die spätmittelalterliche Bürgerstadt (1200–1600) (S. 198–473, 499–522) – Klaus TERSTESSE, Das Leben des Bischofs Meinwerk von Paderborn. Erste deutsche Übersetzung der von Franz Tenckhoff 1921 herausgegebenen Vita Meinwerci. Paderborn 2001 – Matthias WEMHOFF, Erlesene und ergrabene Geschichte. Zum Verhältnis schriftlicher und archäologischer Quellen am Beispiel der Geschichte der Stadt Paderborn (= Paderborner Universitätsreden Nr. 77), Paderborn 2001; Wiederabdruck in: Vorstoß in historische Tiefen. 10 Jahre Stadtarchäologie in Paderborn. Hg. v. Jens Schneider, Matthias Wemhoff (= Mittelalter-Studien Bd. 4), München 2003, S. 11–21 – Hans Jürgen BRANDT, Karl HENGST, Geschichte des Erzbistums Paderborn. Bd. 1: Das Bistum Paderborn im Mittelalter (= Veröffentlichungen zur Geschichte der Mitteldeutschen Kirchenprovinz Bd. 12), Paderborn 2002.

Regionale Bau- und Kunstgeschichte des Mittelalters
A[lbert] LUDORFF, Die Bau- und Kunstdenkmäler des Kreises Paderborn (= Bau- u. Kunstdenkmäler von Westfalen, 7. Bd.), Münster 1899; Nachdruck Warburg 1994 – Georg HUMANN, Die Baukunst unter Bischof Meinwerk von Paderborn. Aachen 1918 – Hans THÜMMLER, Friedrich BADENHEUER, Romanik in Westfalen. Münster, 2. Aufl. 1973 – Heinz BAUER, Friedrich Gerhard HOHMANN, Alte Kirchen im Hochstift Paderborn. Paderborn 1974 – Uwe LOBBEDEY, Romanik in Westfalen. Würzburg 1999 – 799. Kunst

und Kultur der Karolingerzeit. Karl der Große und Papst Leo III. in Paderborn. Katalog der Ausstellung Paderborn 1999, 2 Bde. u. Beitragsband, hg. v. Christoph Stiegemann u. Matthias Wemhoff. Mainz 1999

Dom

Julius EVELT, Über einige, jetzt nicht mehr gebräuchliche Ortsbezeichnungen in und bei dem Dome zu Paderborn, in: WZ 39 (II), 1881, S. 54–103 – Bernhard STOLTE, Der Dom zu Paderborn, in: WZ 61 (II), 1903, S. 61–144 u. 62 (II), 1904, S. 104–162 u. 63 (II), 1905, S. 118–168 – Richard REICHE, Das Portal des Paradieses am Dom zu Paderborn. Ein Beitrag zur Geschichte der deutschen Bildhauerkunst des dreizehnten Jahrhunderts, in: WZ 63 (I), 1905, S. 91–166 – Wilhelm VÖGE, Das Portal des Paradieses am Dom zu Paderborn, in: Kunstgeschichtliche Anzeigen 3, 1906, S. 1–10 – Joseph OHLBERGER, Geschichte des Paderborner Domkapitels im Mittelalter (= Beiträge für die Geschichte Niedersachsens u. Westfalens Bd. 28), Hildesheim 1911 – Wilhelm TACK, Die Ruhestätte der Reliquien des hl. Liborius im Dome zu Paderborn, in: Die Warte 2, 1934, S. 187–189 – Bruno THOMAS, Die westfälischen Figurenportale in Münster, Paderborn und Minden, in: Westfalen 19, 1934, S. 1–95; hier: Das Paradiesportal zu Paderborn. S. 15–25 – Wilhelm TACK, Eine mehr als 1000jähr.[ige] Grabstätte im Paderborner Dome, in: Die Warte 3, 1935, S. 183–188 – Ch. VÖLKER, Der Marstall des Bischofs Meinwerk in Paderborn, in: Westfalen 20, 1935, S. 196–199 – Sankt Liborius. Der Dom und sein Bistum. Studien zur Geschichte der Liboriverehrung des Paderborner Domes und der Volksfrömmigkeit. Hg.v. Paul Simon. Paderborn 1936; darin die Beiträge von Alois FUCHS, Domgrabungen und Funde im und am Paderborner Dom seit 1907 (S. 207–236); Klemens HONSELMANN, Ein Festkalender des Paderborner Domes aus der Zeit Meinwerks (S. 95–120); Wilhelm TACK, Geschichtliche Nachrichten über die Bautätigkeit am Paderborner Dom im 13. Jahrhundert (S. 255–280) – A. GEMBRIS, Die Bischofsgräber im Paderborner Dome, in: Die Warte 4, 1936, S. 195–200 – Ch. VÖLKER, Die Kapelle, in der Bischof Meinwerk starb, in: Heimatborn 16, 1936, S. 33–35 – Wilhelm TACK, Die Kapitellornamentik des 13. Jahrhunderts am Paderborner Dom, in: WZ 94 (II), 1938, S. 3–100 – Wilhelm TACK, Die Barockisierung des Paderborner Domes, in: WZ 97 (II), 1947, S. 35–79 u. 98–99 (II), 1949, S. 34–76 – Wilhelm TACK, Zwei geheimnisvolle Fensteröffnungen im Kapitelsaal des Paderborner Domes, in: Die Warte 11, 1950, S. 17–18 – Wilhelm TACK, Tote in der Paradiesvorhalle des Paderborner Domes, in: Die Warte 12, 1951, S. 21 – Wilhelm TACK, Wozu die Paradiesvorhalle des Paderborner Domes schon gedient hat, in: Die Warte 12, 1951, S. 8–9 – Wilhelm TACK, Die Hippolytuskapelle des Paderborner Domes, in: Heimatborn 1953–54, S. 2–4 – Wilhelm TACK, Der Paderborner Domturm im Wechsel der Jahrhunderte, in: ANK 4, 1954, S. 11–47 – Wilhelm TACK, Zur Baugeschichte der Paderborner Domkrypta, in: ANK 5, 1955, S. 35–84 – Wilhelm TACK, Die Marienkapelle des Paderborner Domes, in: Heimatborn 1955, S. 1–4 – Wilhelm TACK, Funde bei der Anlage der Bischofsgruft in Paderborn im Jahre 1935, in: ANK 6, 1956, S. 96–104 – Wilhelm TACK, Die Paradies-Vorhalle des Paderborner Domes und die Wallfahrt nach Santiago de Compostela, in: ANK 8, 1958, S. 27–62 – Wilhelm TACK, Aufdeckung eines mittelalterlichen Portals im Paderborner Dom, in: WZ 109, 1959, S. 227–241 – Wilhelm TACK, Das Brautportal des Paderborner Domes, in: ANK 9, 1959, S. 5–37 – Wilhelm TACK, Heiliges Grab und Osterspiel im Paderborner Dom, in: WZ 110, 1960, S. 231–248 – Wilhelm TACK, Die Kapitelsäle des Paderborner Domes, in: WZ 111, 1961, S. 263–286 – Wilhelm TACK, Das Gebäude der alten Domschule, in: Von der Domschule zum Gymnasium Theodorianum in Paderborn. Hg. v. Klemens Honselmann (= Studien u. Quellen zur westfälischen Geschichte Bd. 3), Paderborn 1962, S. 37–47 – Wilhelm TACK, Der Paderborner Dombau des 13. Jahrhunderts in geistesgeschichtlicher Schau, in: ANK 12, 1962, S. 27–48 – Hans THÜMMLER, Grabungen zur mittelalterlichen Baugeschichte Westfalens. Paderborn, Kapellen an der Nordseite des Domes, in: Westfalen 43, 1965, S. 128–130 – Franz MÜHLEN, Das geöffnete Westturmjoch und der Domturm zu Paderborn im 13. Jahrhundert, in: Westfalen 48, 1970, S. 126–147 – Franz KOHLSCHEIN, Der Paderborner Liber Ordinarius von 1324. Textausgabe mit einer strukturgeschichtlichen Untersuchung der antiphonalen Psalmodie (= Studien u. Quellen zur westfälischen Geschichte Bd. 11), Paderborn 1971 – Willibald SAUERLÄNDER, Die kunstgeschichtliche Stellung der Figurenportale des 13. Jahrhunderts in Westfalen. Zum Stand der Forschung, in: Westfalen 49, 1971, S. 1–76; zu Paderborn S. 34–50 – Ursula HOPPE, Die Paderborner Domfreiheit. Untersuchungen zu Topographie, Besitzgeschichte und Funktionen (= Münstersche Mittelalter-Schriften Bd. 23), München 1975 – Norbert BÖRSTE, Der Paderborner Dombau des 13. Jahrhunderts. Eine baugeschichtliche Untersuchung. Diss.phil. Münster 1985 [Diss.Druck] – Felix Paderae civitas. Der heilige Liborius 836–1986. Festschrift zur 1500jährigen Feier der Reliquienübertragung des Patrons von Dom, Stadt und Erzbistum Paderborn. Hg. v. Hans Jürgen Brandt, Karl Hengst (= Studien u. Quellen zur westfälischen Geschichte Bd. 24), Paderborn 1986; darin die Beiträge von Uwe LOBBEDEY, Der Westchor des hl. Liborius im Dom zu Paderborn (S. 205–213); Karl HENGST, Die Altäre und Benefizien des Paderborner Domes und anliegender Kapellen von 777–1550 (S. 214–265); Norbert BÖRSTE, Der mittelalterliche Lettner des Paderborner Domes (S. 292–312) – Uwe LOBBEDEY, Die Ausgrabungen im Dom zu Paderborn 1978/80 und 1983 (= Denkmalpflege u. Forschung in Westfalen Bd. 11/1–4), Bonn 1986 – Heinz BAUER, Friedrich Gerhard HOHMANN, Der Dom zu Paderborn. Paderborn, 4. Aufl. 1987 – Hilde CLAUSSEN, Zu dem Portal des 13. Jahrhunderts im Ostquerhaus des Paderborner Domes, in: Westfalen 67, 1989, S. 146–160 – Uwe LOBBEDEY, Der Paderborner Dom. Vorgeschichte, Bau und Fortleben einer westfälischen Bischofskirche. München 1990 – Hans Jürgen BRANDT, Paderborn – Domstift St. Maria, Kilian, Liborius und Ulrich, in: WK 2, 1994, S. 175–205 – Uwe LOBBEDEY, Der Dom zu Paderborn (= Westfälische Kunststätten H. 33), Münster, 4. Aufl. 1994 – Margarete NIGGEMEYER, Der Hohe Dom zu Paderborn. Ein Domführer. Paderborn 2006.

Bartholomäuskapelle
Alois FUCHS, Änderungen und Restaurationen an der Bartholomäuskapelle in Paderborn, in: ANK 8, 1958, S. 5–26 – Hermann BUSEN, Die Bartholomäuskapelle in Paderborn, in: Westfalen 41, 1963, S. 273–312 – Gabriele MIETKE, Die Bautätigkeit Bischof Meinwerks von Paderborn und die frühchristliche und byzantinische Architektur (= Paderborner Theologische Studien Bd. 21), Paderborn 1991, S. 17–111 – Hans J. BÖKER, „Per Graecos Operarios". Die Bartholomäuskapelle in Paderborn und ihr byzantinisches Vorbild, in: Niederdeutsche Beiträge zur Kunstgeschichte 36, 1997, S. 8–27 – Matthias WEMHOFF, Die Bartholomäuskapelle – eine Kapelle des Königtums, in: Die Bartholomäuskapelle Paderborn. Paderborn 1997, S. 6–14, 26.

Pfalzanlagen
Wilhelm WINKELMANN, Die Königspfalz und die Bischofspfalz des 11. und 12. Jahrhunderts in Paderborn [Erstabdruck 1970]; Wilhelm WINKELMANN, Est locus insignis, quo Patra et Lippa fluetant. Über die Ausgrabungen in den karolingischen und ottonischen Königspfalzen in Paderborn [Erstabdruck 1972], in: Beiträge zur Frühgeschichte Westfalens. Gesammelte Aufsätze von Wilhelm Winkelmann (= Veröffentlichungen der Altertumskommission im Provinzialinstitut für Westfälische Landes– u. Volksforschung, Landschaftsverband Westfalen-Lippe Bd. VIII), Münster, 2. Aufl. 1990, S. 93–105/S. 118–128 – Manfred BALZER, Paderborn als karolingischer Pfalzort, in: Deutsche Königspfalzen. Beiträge zu ihrer historischen und archäologischen Erforschung, 3. Bd. (= Veröffentlichungen des Max-Planck-Instituts für Geschichte Bd. 11/3), Göttingen 1979, S. 9–85 – Sveva GAI, Birgit MECKE: „Est locus insignis...". Die Pfalz Karls des Großen in Paderborn und ihre bauliche Entwicklung bis zum Jahre 1002. Die Neuauswertung der Ausgrabungen Wilhelm Winkelmanns in den Jahren 1964–1978. Mit einem Beitrag von Sascha Käuper. 1 Text-, 1 Tafelbd. (= Denkmalpflege u. Forschung in Westfalen Bd. 40/II), Mainz 2004.

Abdinghofkloster
Josef Bernhard GREVE, Geschichte der Benediktiner-Abtei Abdinghof in Paderborn. Aus gedruckten und ungedruckten Quellen. Paderborn 1894 – Wilhelm TACK, Die Grabstätte des Bischofs Meinwerk von Paderborn † 1036, in: Die Warte 4, 1936, S. 98–101 – Hans THÜMMLER, Die frühromanische Baukunst in Westfalen. Neue Bauforschungen an St. Patrokli in Soest, der Abdinghofkirche in Paderborn und der Stiftskirche in Vreden, in: Westfalen 27, 1948, S. 177–214, hier S. 189–203; Wiederabdruck in Hans Thümmler, Zur Architektur und Skulptur des Mittelalters. Gesammelte Aufsätze (= Beiträge zur Kunstgeschichte des Mittelalters u. der Renaissance Bd. 7), Münster 1998, S. 207–252, hier S. 222–238 – Bernhard ORTMANN, Baugeschichte der Salvator- und Abdinghofkirche zu Paderborn auf Grund der Ausgrabungen 1949 bis 1956, in: WZ 107, 1957, S. 255–366 – Klemens HONSELMANN, Zwei Urkunden über die Konsekration des Kreuz-Altars in der Abdinghofkirche, in: WZ 113, 1963, S. 458–460 – Bernhard ORTMANN, Archäologische Grabungen bei der Abdinghofkirche, in: WZ 115, 1965, S. 526–529 – Bernhard ORTMANN, Die karolingischen Bauten unter der Abdinghof-Kirche zu Paderborn und das Kloster Bischof Meinwerks (1016–1031). Ratingen 1967 – Klemens HONSELMANN, Abdinghof, in: Die Benediktinerklöster in Nordrhein-Westfalen. Bearb. v. Rhaban Haacke (= Germania Benedictina Bd. VIII), St. Ottilien 1980, S. 499–533 – Peter PIASECKI, Die Grundriß-Planproportionen der Abdinghofkirche des Bischofs Meinwerk von Paderborn, in: Das Münster 36, 1983, S. 218–223 – Franz NEISKE, Abdinghof und Cluny, in: WZ 141, 1991, S. 263–305 – Klemens HONSELMANN, Martin SAGEBIEL, Paderborn – Benediktiner, gen. Abdinghofkloster, in: WK 2, 1994, S. 205–215 – Jürgen KAISER, Paderborn, Abdinghofkirche St. Peter und Paul (= Schnell Kunstführer Nr. 2471), Regensburg 2001.

Busdorfstift
Josef Bernhard GREVE, Der Busdorf zu Paderborn und seine neueste Restauration, in: Organ für christliche Kunst 22, 1872, S. 186–190 – Anton VOSS, Verfassungs- und Wirtschaftsgeschichte des Kollegiatstiftes Busdorf zu Paderborn von seiner Gründung bis zur Aufhebung (1036–1810), in: WZ 72 (II), 1914, S. 147–207 u. 73 (II), 1915, S. 1–62 – Alois FUCHS, Die Ausgrabungen an der Busdorfkirche, in: Die Warte Nr. 3, 1935, S. 201–208 – Alois FUCHS, Die ursprüngliche Busdorfkirche in Paderborn auf Grund der Grabung 1935, in: Westfalen 20, 1935, S. 359–376 – Festschrift zum 900. Jahrestag der Errichtung des Busdorfstiftes, der Weihe der Busdorfkirche, der Gründung der Busdorfpfarrei zu Paderborn. Paderborn 1936; darin die Beiträge von Klemens HONSELMANN, Geschichte des Busdorfstiftes bis zur Aufhebung 1810 (S. 3–48); Alois FUCHS, Die Busdorfkirche (S. 80–100) – Wilhelm RAVE, Die Entdeckung der ursprünglichen Busdorfkirche zu Paderborn, in: Deutsche Kunst u. Denkmalpflege 1936, S. 221–224 – Bernhard ORTMANN, Der Zentralbau der „Jerusalem"-Kirche Bischof Meinwerks zu Paderborn (1036), in: Koldewey-Gesellschaft. Bericht über die 31. Tagung für Ausgrabungswissenschaft u. Bauforschung vom 14.–18. Mai 1980 in Osnabrück. s.l. 1982, S. 65–70 – Die Busdorfkirche St. Petrus und Andreas in Paderborn 1036–1986. Zur Geschichte von Kirche, Stift und Pfarrgemeinde bei der Feier des 950-jährigen Jubiläums. Hg. v. Hans Jürgen Brandt u. Karl Hengst. Paderborn 1986; darin die Beiträge von Hans Jürgen BRANDT, Die Jerusalemkirche des Bischofs Meinwerk von 1036. Zur Bedeutung des Heilig-Grab-Kultes im Mittelalter (S. 173–195); Karl HENGST, Geschichte der Pfarrei an der Jerusalemkirche Unserer Lieben Frau und der Apostel Petrus und Andreas und des Erzengels Michael im Busdorf (S. 13–105); Karl Josef SCHMITZ, Die Busdorfkirche zu Paderborn und ihre Ausstattung (S. 196–209) – Matthias UNTERMANN, Der Zentralbau im Mittelalter. Form – Funktion – Verbreitung. Darmstadt 1989, S. 65–67 – Gabriele MIETKE, Die Bautätigkeit Bischof Meinwerks von Paderborn und die frühchristliche und byzantinische Architektur (= Paderborner Theologische Studien Bd. 21), Paderborn 1991, S. 111–216 – Karl HENGST, Paderborn – Kollegiatstift St. Peter und Andreas, gen. Busdorf, in: WK 2, 1994, S. 215–224 – Margarete NIGGEMEYER, Elmar NÜBOLD, Die Busdorfkirche in Paderborn. Eine Stätte des Gebetes seit über 950

Jahren. Paderborn 2002 – Sven SPIONG, Den Stiftsherren auf der Spur: Archäologische Ausgrabungen nördlich der Busdorfkirche in Paderborn, in: Die Warte 124, 2004, S. 9–10.

Gaukirche
A[nton Peter] BIELING, Geschichte des Cisterciensерinnen-Klosters Gaukirch zu Paderborn während der ersten Jahrhunderte seines Bestehens, in: WZ 36 (II), 1878, S. 62–112 – Edgar HERTLEIN, Die Gaukirche St. Ulrich in Paderborn (= Schnell Kunstführer Nr. 955), München, Zürich 1971 – Die Gaukirche St. Ulrich in Paderborn 1183–1983. Zur Geschichte von Kirche, Kloster und Pfarrgemeinde bei der Feier des 800-jährigen Jubiläums. Hg. v. Hans Jürgen Brandt u. Karl Hengst. Paderborn 1983; darin die Beiträge von Karl HENGST, Geschichte der Pfarrei St. Ulrich (S. 11–88); Karl Josef SCHMITZ, Die Gaukirche und ihre Ausstattung (S. 134–146) – Karl HENGST, Paderborn – Zisterzienserinnen, dann Benediktinerinnen, gen. Gaukirchkloster, in: WK 2, 1994, S. 224–230 – Margarete NIGGEMEYER, Elmar NÜBOLD, Die Gaukirche St. Ulrich in Paderborn. Gemeinde- und Klosterkirche im Schatten des Domes. Paderborn 2003 – Peter SCHUPP, Die Gaukirche St. Ulrich in Paderborn. Paderborn s.d. [2004].

Glossar

(Die kursiv gesetzten Begriffe sind Querverweise und finden sich nach alphabetischer Reihenfolge an entsprechender Stelle im Glossar erklärt)

Abkragung/abkragen: Abschrägung einer *Vorlage* oberhalb des Fußbodens

Abt, Äbtissin: Vorsteher/Vorsteherin eines *Klosters* (evtl. auch *Stifts*)

Adventus: (lat. „Ankunft“) *liturgisches* Empfangszeremoniell für hochgestellte Persönlichkeiten in einem *Stift* oder *Kloster* durch dessen *Konvent*

Antependium: auf der Vorderseite eines Altares angebrachter Schmuck (Tafel aus Stein oder Edelmetall, Stoffbehang)

Apostelgang: siehe *Lettner*

Apsis/Apsiden: halbkreisförmiger Abschluss von *Chor* bzw. *Sanktuarium*, in der Regel Aufstellungsort eines Altares

Apsidiole: kleine nischenartige *Apsis*

Arkade: Bogen mit seinen beiden seitlichen Auflagern oder Stützen

Arkatur: *Arkaden*reihung

Atrium: von Mauern und/oder *Arkaden*galerien umgebener Vorhof der Kirche, im Gegensatz zum *Kreuzgang* für Laien zugänglich. Am Paderborner Dom auch Bezeichnung für eine gewölbte Durchgangshalle zu den Stiftsgebäuden

Augustinusregel: dem Kirchenvater Augustinus (354–430) zugeschriebene älteste Regelung des Gemeinschaftslebens der *Kanoniker*

axial: auf die Hauptachse eines Gebäudes ausgerichtet

Basilika/basilikal: mehrschiffiger (Kirchen-)Bau, dessen Mittelschiff mit seinem *Obergaden* höher hinaufreicht und eigene Fenster hat. Die parallelen Schiffe werden von Stützenreihen (Säulen oder Pfeiler) getrennt

Basis: mit Profilierung versehener Fuß einer Säule oder eines Pfeilers. Das attische Basisprofil besteht aus einer Kehle zwischen zwei Wülsten

Benediktregel: auf Benedikt von Nursia (ca. 480 – ca. 547) zurückgeführte Organisation des gemeinschaftlichen Klosterlebens nach dem Grundsatz von Gottesdienst und Arbeit (lat. „Ora et labora“)

Benediktiner/-innen: durch ewige Gelübde gebundene Angehörige des nach seinem Gründer Benedikt von Nursia (ca. 480 – ca. 547) benannten Mönchsordens mit weiblichem Zweig. Der Tagesablauf in den B.-Klöstern wird von den 73 Kapiteln der *Benediktregel* bestimmt

Benefiziaten: Hilfsgeistliche eines *Stifts*, die ihren Lebensunterhalt durch Einkünfte (lat. „beneficium“) aus der Dotierung eines Nebenaltares bestritten

Berührungsreliquien: siehe *Reliquien*

Chor: für den *Konvent*gottesdienst durch *Chorschranken* abgesonderter Teil des Kirchengebäudes, Aufstellungsort des *Chorgestühls*. Allgemeiner gefasst und daher missverständlich auch für den Bereich des *Hochaltares* verwendet (zutreffend: *Sanktuarium*)

Chorflankenturm: Turm, der (meist paarweise) seitlich an einen *Chor* gebaut ist

Chorgestühl (Sedilien, Stallen): Sitz- und Kniebänke der *Konvent*mitglieder im *Chor*, seit hochmittelalterlicher Zeit versehen mit Rückwand (Dorsale), Armlehnen und hochklappbarem Sitzbrett

Chormönche: siehe *Mönche*

Chorschranke: im Mittelalter meist übermannshohe Mauer, die den *Chor* der *Konvent*mitglieder vom übrigen, auch Laien zugänglichen Innenraum einer Kirche absondert

Confessio: evtl. begehbare Kammer für ein Heiligengrab unter einem (Haupt-) Altar, oft in Verbindung mit einer *Krypta*

Dendrochronologie/-logisch: naturwissenschaftliche Analyse der Jahresringe eines hölzernen Objektes oder Bauteils, die seine mehr oder weniger exakte Datierung ermöglichen kann

Dormitorium: gemeinschaftlicher Schlafsaal der *Konvent*angehörigen in der *Klausur*, während des *Hochmittelalters* noch ohne Trennwände und Einzelzellen

Drei (vier-, acht)pass/-förmig: aus drei/vier/acht Kreissegmenten zusammengesetztes Bauglied

Empore: hochgelegener galerieartiger Einbau, zum Kircheninneren durch *Arkaden* geöffnet

Eucharistie/eucharistisch: das in der Messfeier vollzogene Sakrament des Abendmahles. Man versteht darunter ebenso die Sakramentsmaterien Brot und Wein: Sie werden durch die Wandlungsworte des Priesters Leib und Blut Christi

Familia: Gesamtheit der Dienstleute (Laien) eines *Klosters* oder *Stifts*, von diesem rechtlich abhängig und seelsorglich betreut

Fenestella: kleine Boden- oder Wandöffnung, oft als Verbindung zu einem Heiligengrab (siehe auch *Hagioskop, Oculus*)

Gebundenes System: siehe *Joch*

Gewände: Schräg in die Mauerstärke geführte, oft auch gestufte Einschnittfläche von *Arkaden,* Fenstern oder *Stufen-* bzw. *Trichterportalen*

Gewölbe: gekrümmt gemauerte Überdeckung eines Raumes bzw. Raumteils. Längsgerichtete *Tonnengwölbe* ruhen auf zwei einander gegenüberstehenden Wänden oder Stützenreihen. Darin einschneidende *Stichkappen* verlaufen quer zu seiner Hauptrichtung. *Kreuzgratgewölbe* bestehen aus Tonnen gleicher Scheitelhöhe, die einander rechtwinklig durchdringen. Bei *Kreuzrippengewölben* sind die einzelnen Gewölbekappen zwischen kreuzförmig diagonal gespannte, tragende Bogenelemente eingebunden. *Hängekuppeln* haben die Form einer Halbkugel, deren gedachte Grundlinie ein Rechteck umschreibt, so dass auf allen vier Seiten Kreissegmente abgeschnitten werden

Gotik/gotisch: auf die *Romanik* folgende Stilstufe, in Deutschland von der Mitte des 13. bis zum Beginn des 16. Jahrhunderts herrschend

Hagioskop: kleine Wandöffnung (siehe auch *Fenestella, Oculus)* besonders in Sakristeien und Schatzkammern: nicht zum Hindurchblicken geeignet, sondern nach mittelalterlicher Vorstellung zur Ausstrahlung von Heilswirkung (z.B. dahinter verwahrter *Reliquiare*)

Hängekuppel: siehe *Gewölbe*

Hallenkirche: mehrschiffiges Gotteshaus mit einheitlicher Decken- oder Gewölbehöhe

Hallenkrypta: siehe *Krypta*

Hallenlettner: siehe *Lettner*

Heiltum: Besitz an *Reliquien* und *Reliquiaren*

Hochaltar: Hauptaltar im *Sanktuarium* einer Kirche, gewöhnlich mit gleichem *Patrozinium*

Hochmittelalter: hier verstanden als Geltungsdauer des Stils der *Romanik* und *Frühgotik* von ca. 1000–1300

Immunität: häufig durch Mauern und Tore eingefasster, von der weltlichen Obrigkeit unabhängiger Bezirk eigenen Rechts um Kirche und Nebengebäude einer geistlichen Institution (Kathedrale, *Kloster* oder *Stift*)

Investiturstreit: Epochale Auseinandersetzung über den Vorrang von weltlicher oder geistlicher Gewalt im Abendland, entzündet unter Papst Gregor VII. (1073–85) an der Frage der Einsetzung (Investitur) von Bischöfen und Äbten durch den deutschen König, beigelegt 1122 mit dem Wormser Konkordat

Joch: von Stützen (Pfeiler- oder Säulenpaaren) bestimmter Raumteil eines Kirchenschiffs, Klausur- oder Profanraumes. Beim *gebundenen System* wurde ein quadratisches Mittelschiffjoch mit je zwei Seitenschiffjochen von halber Seitenlänge kombiniert

Kämpfer: Ansatz eines Bogens oder *Gewölbes*, oberhalb eines *Kapitells* oft hervorgehoben durch eine vorspringende, mit Profilierung versehene Steinplatte. Sattelkämpfer bilden durch seitliches Ausladen einen Übergang zur Mauerstärke der Arkade

Kanoniker/Kanonikat: Weltgeistliche (Priester oder lediglich Inhaber niederer Weihen), die ihr gemeinschaftliches Leben in einem *Stift* nach kirchlichen Vorschriften (lat. „Canones") auf Grundlage der *Augustinusregel* führten

Kapelle: kleiner, von einem anderen Gotteshaus kirchenrechtlich abhängiger Sakralbau oder Annex einer Kirche mit Nebenaltar

Kapitel: Gemeinschaft von *Mönchen/Nonnen* oder *Kanonikern/Kanonissen* (siehe auch *Konvent*) sowie ihre tägliche Versammlung

Kapitell: Säulenkopf

Kapitelsaal: Versammlungsraum einer Geistlichen Gemeinschaft (siehe auch *Konvent*, *Kapitel*), gelegen am *Kreuzgang* innerhalb der *Klausur*

Karolinger/Karolingische Epoche: nach Karl dem Großen († 814) und seinen Nachfahren benannte Zeitspanne von 751–911

Kathedra: Thronsitz des Bischofs im *Sanktuarium* seiner Kathedrale

Klausur(anlage): Komplex der Wohn- und Arbeitsräume einer Geistlichen Gemeinschaft im Anschluss an die *Konvent*kirche, d.h. Ort ihrer *vita communis* und in der Regel für Laien und Angehörige des jeweils anderen Geschlechts nicht zugänglich

Kloster: *Mönchs*- oder *Nonnen*kirche mit sämtlichen zugehörigen Wohn- und Nebengebäuden

Konche: siehe *Apsis*

Konsekration: Weihe eines Altars oder einer Kirche durch den Bischof

Konvent: die Gesamtheit der geistlichen Angehörigen eines *Klosters* oder *Stifts*

Konventchor: siehe *Chor*

Konventualen: einzelne Angehörige eines *Konvents*

Konversen: siehe *Laienbrüder/-schwestern*

Kreuzaltar: in *Konvent*kirchen der zentral gelegene Laienaltar vor dem *Lettner* oder einer *Chorschranke*, besonders für Seelenmessen

Kreuzgang: meist vierflügelige *Arkaden*galerie um einen an die *Konvent*kirche grenzenden Binnenhof, gesäumt von den Gemeinschaftsräumen der *Klausur*

Kreuzgratgewölbe: siehe *Gewölbe*

Krypta: gottesdienstlicher Raum unter dem *Sanktuarium* und oft auch *Chor* einer Kirche. Im Frühmittelalter überwiegend in Form gewölbter Gänge (*Ring-*, *Stollen-* oder *Umgangkrypta*), sonst als mehrschiffige *Hallenkrypta*

Kurie: Einzelwohnung von *Kanonikern* oder *Kanonissen*, die nach Auflösung der *vita communis* ihres *Konvents* nicht mehr in der *Klausuranlage* des betreffenden *Stifts* lebten

Laienbrüder/-schwestern: vor allem für praktische Tätigkeiten eingesetzte, zumeist leseunkundige *Konvent*angehörige ohne ewiges Gelübde. Für sie gab es eigene Plätze im Kirchenraum und von denen der *Chormönche* getrennte Unterkünfte in der *Klausuranlage*

Langhaus: Kirchenschiff, das in der Regel allgemein zugänglich war, im Gegensatz zum Klerikern und *Konvent*mitgliedern vorbehaltenen *Chor*

Lettner: bühnenartige Querschranke zur Absonderung des *Chores* von dem meist auch Laien zugänglichen *Langhaus* einer *Konvent*kirche. Die auf Stützen vor geschlossener Rückwand mehrjochig gewölbte Form heißt *Hallenlettner*

Liber Ordinarius: Sammlung von Anweisungen für den Ablauf liturgischer Handlungen in einer bestimmten *Stifts*- oder *Kloster*kirche, zumeist mit entsprechenden Ortsangaben

Liturgie/liturgisch: kirchenamtlich festgelegte Ordnung des öffentlichen Kultes und Gottesdienstes (speziell der *Eucharistie*feier) mit seinen Einzelhandlungen und formalen Bedingungen, im Gegensatz zur privaten Andacht

Maßwerk: gitterartig durchbrochene, aus Kreisen und Kreissegmenten zusammengesetzte Dekoration *gotischer* Fenster, Turmhelme etc.

Memoria: *liturgisches* (lat.) „Gedächtnis" Verstorbener durch Messfeiern und Gebete an ihrem Grab

Mittelschiff: zentraler Längsraum eines mehrschiffigen Gebäudes (siehe auch *Basilika*)

Mönche: Angehörige eines Männerordens, durch Gelübde an ein gemeinschaftliches Leben nach der Ordensregel gebunden (siehe *Benediktiner*). Ein Mönchs*konvent* besteht aus schriftkundigen und somit zu aktiver Teilnahme an der *Liturgie* befähigten *Chor*mönchen (darunter anfangs nur wenige, später vermehrt Priester), ferner aus *Novizen* und *Laienbrüdern*

Nimbus: Heiligenschein

Nonnen: Angehörige eines Frauenordens bzw. weiblichen Ordenszweiges, durch Gelübde an ein gemeinschaftliches Leben nach der Ordensregel gebunden

Novizen: Anwärter vor ihrer endgültigen Aufnahme in einen klösterlichen *Konvent*

Obergaden: in der Regel mit Fenstern versehene Hochwand des *Mittelschiffs* einer *Basilika*

Oculus: kleines Kreisfenster, wegen seiner Lage und geringen Größe oft nicht zum Hindurchblicken geeignet (siehe auch *Fenestella, Hagioskop*)

Ottonen/Ottonische Epoche: Regierungszeit der Kaiser Otto I., seines Sohnes Otto II. und Enkels Otto III. von 936–1002. Unter bau- und kunstgeschichtlichen Gesichtspunkten wird oft auch noch die Herrschaft des letzten Vertreters der sächsischen Dynastie, Kaiser Heinrich II. (1002–24), dieser Zeitspanne hinzugerechnet

Patene: Zum Messkelch gehörender Metallteller für die in der *Eucharistie*feier konsekrierten Hostien

Patrozinium: Weihetitel eines Altars oder Sakralbaues

Pfarre: Laiengemeinde, deren Seelsorge in der Regel einem Weltgeistlichen übertragen war

Pfründe/Präbende: anteilige Einkünfte eines Klerikers aus dem Vermögen seiner Geistlichen Institution oder aus zweckgebundenen Dotationen

Polygon/polygonal: Vieleck, mehreckig

Propst: Vorsteher eines *Stifts* von *Kanonikern*. Bei Frauen*klöstern* und *-stiften* geistlicher Betreuer und/oder Vermögensverwalter

Querhaus/-schiff: im rechten Winkel zum *Langhaus* einer Kirche stehender Bauteil, wodurch sich ein kreuzförmiger Grundriss ergibt

Radleuchter: kreisförmige Leuchterkrone aus Metall, von der Decke/dem Gewölbe herabhängend

Refektorium: gemeinschaftlicher Speisesaal der *Konvent*angehörigen in der *Klausuranlage*

Reliquiar: in der Regel aus wertvollem Material gefertigtes Behältnis zur Aufnahme von *Reliquien*. Unter den zahlreichen Formvarianten kommt dem hausähnlichen *Reliquienschrein* besondere Bedeutung zu

Reliquien: Gebeine (vollständige Skelette oder einzelne Körperteile) von Heiligen, die man aus ihrem Bodengrab erhoben und in *Reliquienschreinen* oder *Reliquiaren* geborgen hatte, um der Verehrung durch die Gläubigen ein sichtbares Ziel zu bieten. *Berührungsreliquien* sind Gegenstände (meist Tücher), die mit diesen Behältnissen in Kontakt gebracht wurden und nach mittelalterlicher Vorstellung so einen Teil ihrer Segenswirkung übernahmen. Bei *Sekundärreliquien* handelt es sich nicht um Körperteile der Heiligen, sondern um von ihnen (vorgeblich) benutzte Gegenstände

Reliquienschrein: oft aus edlen Materialien gefertigtes, kostbar verziertes Behältnis zur Bergung von *Reliquien*. Schreine konnten ortsfest auf oder bei einem Altar installiert sein, waren dann in der Regel durch ein Gehäuse geschützt. Andere wurden in *Schatzkammern* eingeschlossen und lediglich zu bestimmten Anlässen ausgestellt oder bei Prozessionen mitgeführt (siehe auch *Heiltum*)

Renaissance: die *Gotik* ablösende nachmittelalterliche Stilstufe (in Deutschland erst zu Beginn des 16. Jahrhunderts aufkommend)

Romanik/romanisch: Bezeichnung für den in Westfalen während des *Hochmittelalters* (ca. 1000–1250) auftretenden Stil

Säkularisation: zwangsweise Auflösung Geistlicher Gemeinschaften und Beschlagnahmung von Kirchenbesitz durch weltliche Autoritäten. Sie erfolgte in Paderborn 1803 nach der Aufhebung des Fürstbistums und seinem Anschluss an Preußen

Sakramentsnische/-haus: Wandnische oder Schrank in Altarnähe zur geschützten Aufbewahrung konsekrierter Hostien (siehe auch *Eucharistie*)

Sakristei: gewöhnlich zum Schutz vor Bränden eingewölbter Raum in der Nähe des *Hochaltars*, wo vor allem Altargerät, *liturgische* Bücher und Textilien verwahrt wurden und die Geistlichen ihre Messgewänder anlegten. Siehe auch *Schatzkammer*

Salier/Salische Epoche: auf die *Ottonen*zeit folgende, nach dem Herrschergeschlecht der Salier benannte Zeitspanne von 1024 bis 1125

Sanktuarium: Bereich des *Hochaltares*, rückwärtig meist von einer *Apsis* eingefasst

Sarkophag: steinernes Behältnis für eine Bestattung, in die Erde versenkt oder oberhalb des Fußbodens als Hochgrab aufgestellt

Sattelkämpfer: siehe *Kämpfer*

Schatzkammer: sicherer Aufbewahrungsort (gewölbt und verschließbar) für *Reliquiare* und weitere Teile des Kirchenschatzes sowie profane Wertgegenstände. In hochmittelalterlicher Zeit oft noch mit Archiv, Bibliothek und *Sakristei* identisch

Seitenschiff: longitudinale Abseite eines mehrschiffigen Sakralbaues (siehe auch *Basilika*)

Sekundärreliquie: siehe *Reliquie*

Spolie: wiederverwendeter Bestandteil eines älteren Gebäudes

Staufer/Staufische Epoche: auf die *Salier*zeit (mit kurzer Unterbrechung) folgende, nach dem Herrschergeschlecht der Hohenstaufen benannte Zeitspanne von 1137 – 1250

Stift: *Kanoniker-* oder *Kanonissen*gemeinschaft. Bezeichnung für die Institution und/oder deren *Konvent*kirche mit allen zugehörigen Gemeinschaftsbauten

Stollenkrypta: siehe *Krypta*

Stufenportal: siehe *Trichterportal, Gewände*

Stundengebet: Sieben tägliche Gebetszeiten einer Geistlichen Gemeinschaft

Tabernakel: Behältnis zur Aufbewahrung der *Eucharistie*, auf dem Altar stehend oder in eine Wand des *Sanktuariums* eingefügt

Trichterportal: siehe *Stufenportal, Gewände*

Tonnengewölbe: siehe *Gewölbe*

Triumphbogen: Querbogen zwischen *Sanktuarium* oder *Chor* und *Langhaus* einer Kirche

Triumphkreuz: monumentales Kruzifix, vom *Triumphbogen* herabhängend oder auf einem Querbalken darunter angebracht. Meist in Zusammenhang mit dem *Kreuzaltar* stehend.

Tumba: über einer Erdbestattung (oder auch unabhängig davon) errichteter kastenförmiger Unterbau, der die sonst im Fußboden eingelassene Grabplatte trägt

Tympanon: Bogenfeld über einem Portal oder Fenster, oft mit Skulpturenschmuck versehen oder bemalt

Umgangkrypta: siehe *Krypta*

Vierung: Raumteil im Zentrum des Kirchengebäudes, entstanden aufgrund einer Durchkreuzung von *Mittelschiff* und *Querhaus*. Meist war dort in mittelalterlichen *Konvent*kirchen das *Chorgestühl* aufgestellt

Vikare: von einem *Stift* angestellte und besoldete Hilfsgeistliche, die stellvertretend für *Kanoniker* Aufgaben im Bereich von Gottesdienst und Seelsorge übernahmen

Vita communis: durch eine Ordensregel und zusätzliche Statuten definierte gemeinschaftliche Lebensführung eines *Konvents*

Vorhalle: einem Kirchenportal vorgelagerter, nach außen offener Annexraum. Evtl. Ort pfarrgemeindlicher oder rechtlicher Handlungen (z. B. Predigten, Sitzungen des Geistlichen Gerichts)

Vorlage: einer Wand oder Stütze zum Schmuck oder als Gewölbeträger angefügtes Architekturglied (z.B. Halbsäule, Lisene, Pilaster)

Westbau/Westwerk: architektonisch und funktional weitgehend selbständiger Baukörper (Vorkirche) am Westende eines früh- oder hochmittelalterlichen Sakralbaus

Zelebrant: Priester, der an einem Altar das Messopfer feiert